Datenmassen bändigen

in Excel 2019 und 365

Ina Koys

kurz & knackig, Band 15

Inhalt

0 Was in diesem Heft erklärt wird

In diesem Heft geht es um die Behandlung großer Datenmengen als Ganzes – das Finden bestimmter Informationen wird im Heft „Die Nadel im Heuhaufen“ besprochen. Deshalb schaffen wir hier Ordnung, Struktur und Übersicht auf dem Bildschirm und dem bedruckten Papier. Wir sehen uns auch an wie man bestimmte Stellen leichter anspricht und immer im Blick behält.

Und selbstverständlich geht es auch um die Pivottabellen, die für die Strukturierung auch sehr großer Tabellen immer wichtiger werden.

Die Screenshots wurden aus Excel 365 angefertigt, Excel 2019 ist seltener und unterscheidet sich bei den hier besprochenen Themen aktuell nur in der Farbgebung. Was aber nichts über die Zukunft aussagt, denn Office 365 wandelt sich stetig und es kann sein, dass Ihr Excel 365 etwas anders aussieht als meins.

Wenn Sie die Beispieldateien herunterladen wollen, können Sie das tun unter

www.kurzundknackig.online

Viel Spaß dann beim Datenbändigen in der Zukunft!

1 Namen

Die Namen sind ein wenig bekanntes, aber oft sehr nützliches Werkzeug einerseits zur Verbesserung der Übersicht in Excel-Daten, andererseits auch zum Rechnen. Sie sind häufig eine reine Alternative, in Einzelfällen aber tatsächlich der einzige Weg zu bestimmten Funktionalitäten.

Ein Name ermöglicht das Ansprechen einer Zelle ohne ihren Zellbezug einfach über eine Bezeichnung, die man ihr selbst gegeben hat. Zellbezüge müssen dann nicht mehr angegeben werden, es wird immer ein absoluter Bezug verwendet. Sofern Ihnen der Begriff „Bezug“ nichts sagt, empfehle ich Ihnen Heft 14 dieser Reihe „Arbeit für Doofe sparen“, da Bezüge Ihnen bei der Arbeit mit Excel ständig begegnen werden.

Also: Das Festlegen eines Namens ist ganz einfach. Denken Sie sich für eine Zelle oder Zellgruppe eine Bezeichnung aus, die selbsterklärend ist. Diese Bezeichnung muss mit einem Buchstaben anfangen, darf keine Leerzeichen beinhalten und nicht aussehen wie ein Zellbezug. Falls Sie Leerzeichenoptik wünschen, wählen Sie den Unterstrich _. Dann klicken Sie zu der Zelle oder Zellgruppe, die den entsprechenden Namen erhalten soll und schreiben den Namen in das wahrscheinlich bisher nicht verwendete Namenfeld links oben und drücken danach sofort die **Enter**-Taste.

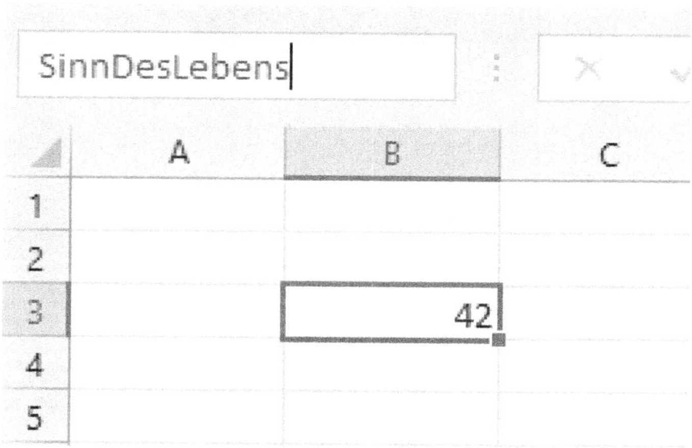

Wenn die Sache funktioniert hat, wird dieser Name ab sofort im Namenfeld angezeigt, sobald sich der Cursor auf dieser Zelle oder dem vollständigen Zellbereich befindet.

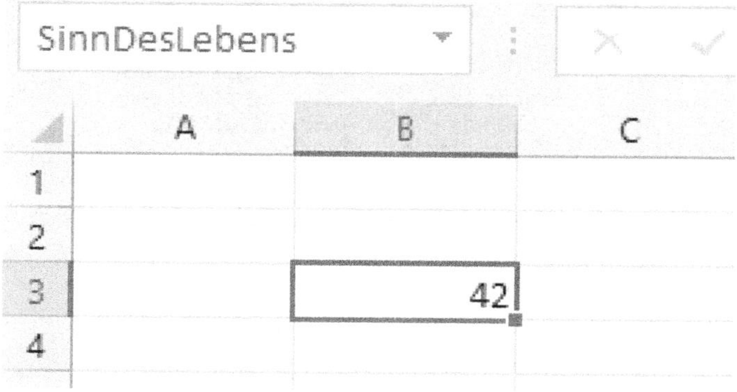

Falls die Sache nicht funktioniert hat oder aus anderen Gründen später etwas zu ändern ist, gehen Sie dazu in der Registerkarte **Formeln** auf den **Namensmanager,**

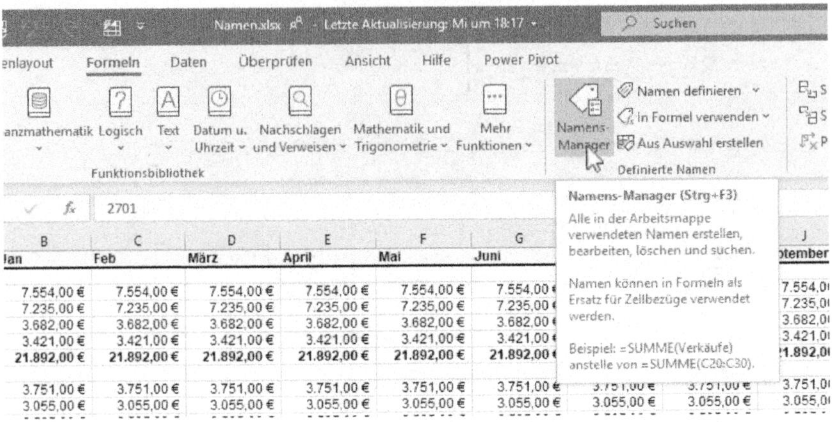

wo Sie den entsprechenden Namen bearbeiten oder löschen können – die Inhalte der Zelle bleiben selbstverständlich erhalten.

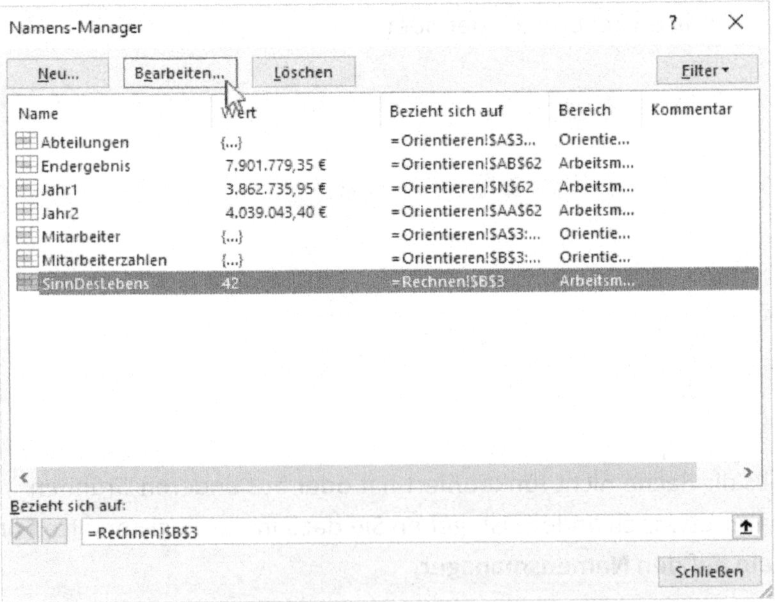

Namen werden wie schon erwähnt sowohl für Berechnungen verwendet als auch zum schnellen Anzeigen bestimmter Zellen. Zunächst kurz die Berechnungen. Sie können Namen ganz normal in Formeln anstelle der Bezüge verwenden und händisch eintippen. Sie bekommen sie aber auch bei der Eingabe in die Zelle angeboten:

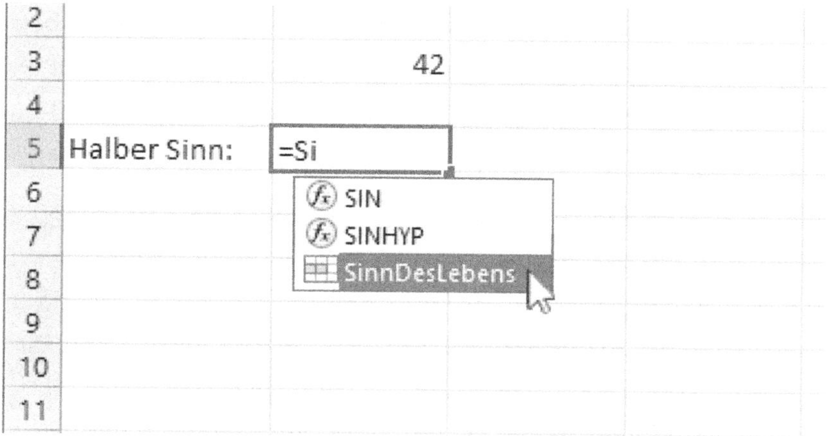

Sie können den Vorschlag mit Mausklick oder der **Tab-Taste** ganz links auf der Tastatur

bestätigen und damit weiterrechnen.

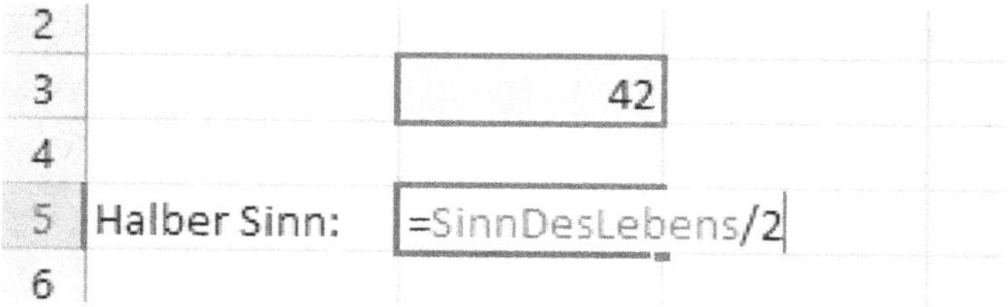

Manche lange oder komplizierte Formel oder Funktion ist damit deutlich leichter nachzuvollziehen.

Was uns im Zusammenhang mit großen Datenmengen in einer Arbeitsmappe aber deutlich leichteres Navigieren ermöglicht ist die Tatsache, dass man damit auch die entsprechenden Zellen leichter heraussuchen lassen kann. In der Beispieltabelle sind die fraglichen Namen schon verteilt worden. Wir können jetzt über den Klapppfeil den gesuchten Namen aufrufen und die Ansicht des Arbeitsblatts scrollt sofort dorthin.

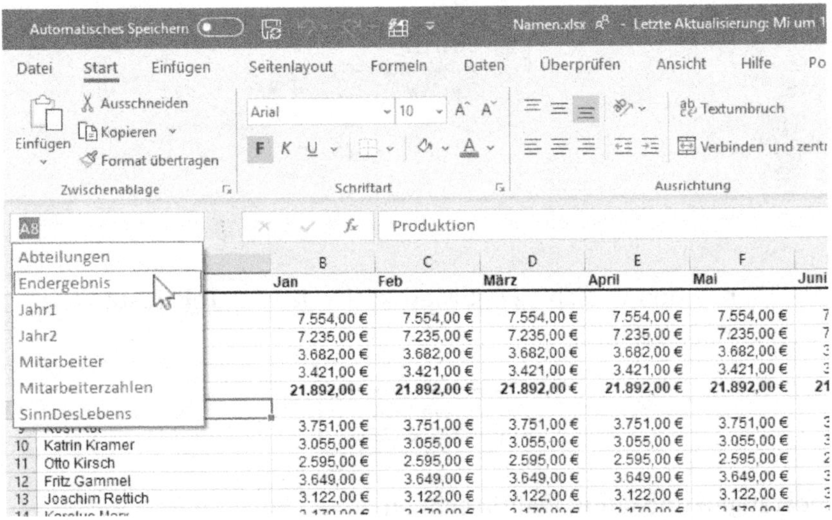

Wie man sieht, können auch die Namen auf anderen Arbeitsblättern aufgerufen werden. Mit ihnen lassen sich noch weitere Aufgaben angenehmer gestalten, z.B. das Überwachungsfenster im nächsten Kapitel.

2 Überwachungsfenster

Das Endergebnis von Berechnungen befindet sich meist ganz unten auf dem Blatt, wo man jeweils extra hinscrollen muss, um den Wert im Blick zu behalten. Wenn Ihnen das zu umständlich ist gibt es in der Registerkarte **Formeln** das **Überwachungsfenster**, mit dem sie relevante Werte gleich unter dem Menüband anzeigen lassen können.

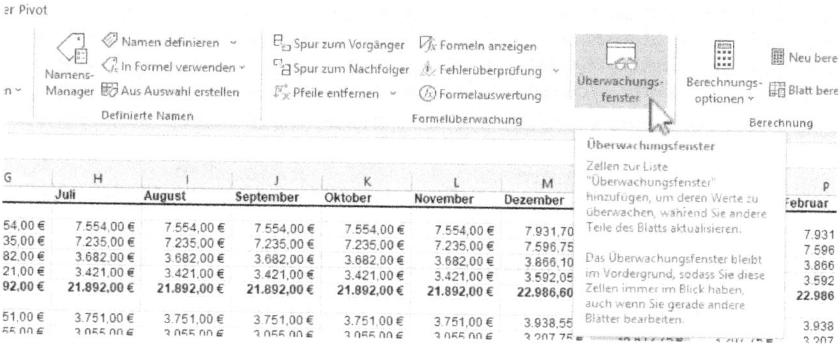

Daraufhin öffnet sich ein Fenster, das den Verweis auf die gewünschte Zelle entgegennimmt. Hier können Sie einen Zellbezug angeben oder mit den Namen aus dem vorigen Kapitel arbeiten.

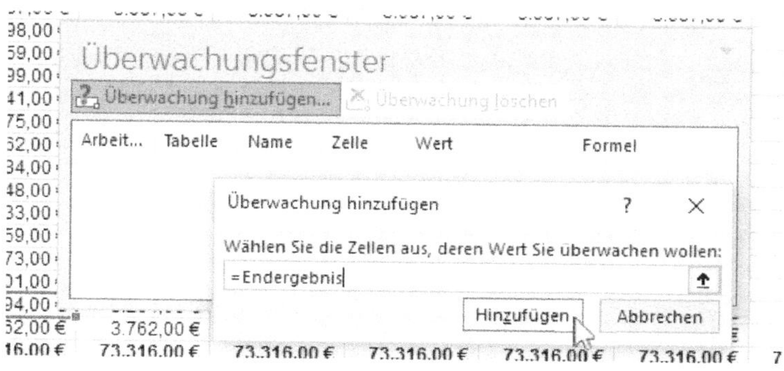

Sofern Sie einmal nicht mehr genau wissen wie Sie die Zellen genannt hatten, können Sie die Taste **F3** drücken, die Ihnen das Namensfenster anzeigt.

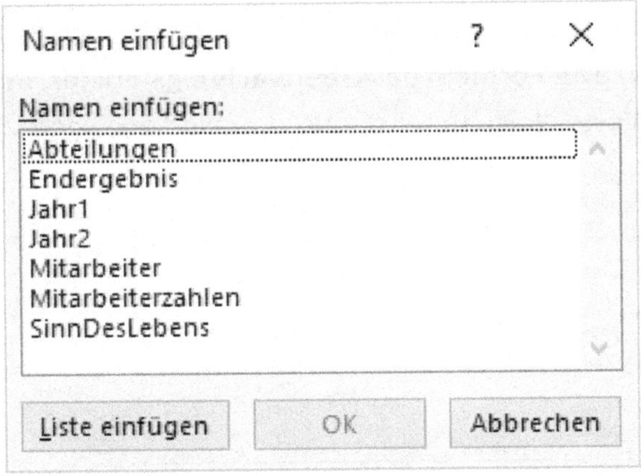

Sie können **F3** auch in den meisten Dialogfenstern z.B. bei der Formelerstellung verwenden, so auch hier im Überwachungsfenster nach dem Gleichheitszeichen. Zunächst schwebt das Überwachungsfenster frei über dem Arbeitsblatt, häufig wird es aber praktisch sein, es unter dem Menüband per Mausaktion anzudocken.

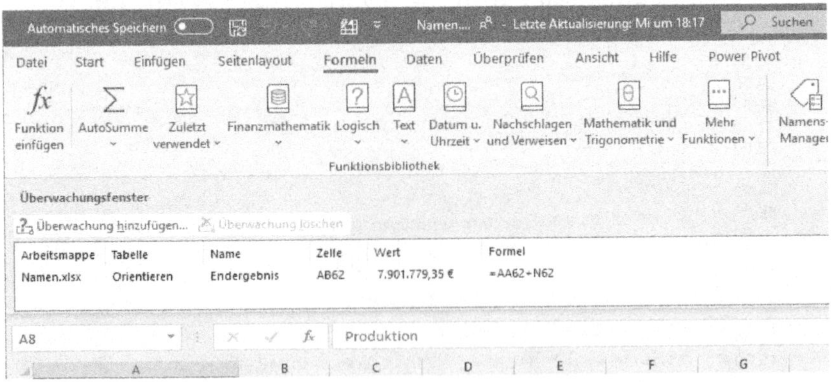

Sie können nach Belieben weitere Überwachungen hinzufügen. Sobald sich der zu überwachende Wert ändert, wird das im Fenster angezeigt.

Sie können das Überwachungsfenster jeweils mit dem Schließkreuz am rechten Rand ausblenden. Ihre festgelegten Überwachungen bleiben trotzdem erhalten und werden beim nächsten Öffnen des Überwachungsfensters wieder angezeigt. Wenn Sie das nicht möchten, müssen Sie sie löschen.

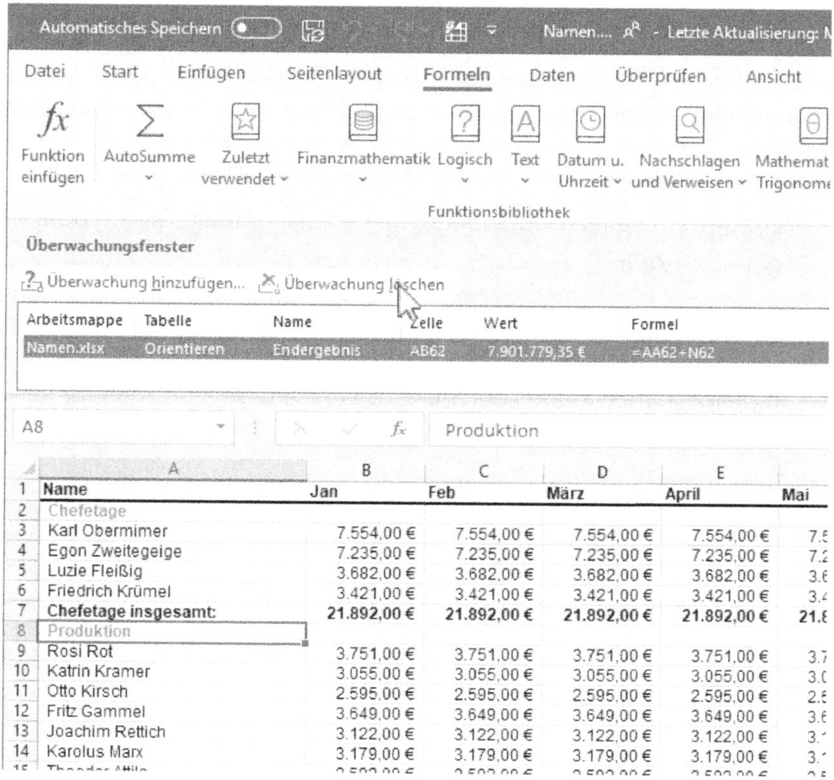

3 Strukturierung durch Tabellen

Man sollte denken Excel besteht aus Tabellen. Stimmt aber nicht so ganz: Excel besteht aus Tabellenblättern, die in Arbeitsmappen liegen. Und in diesen Tabellenblättern können noch einmal Tabellen liegen. Diese Tabellen scheinen auf den ersten Blick reine Optik zu sein, wir werden aber auch gleich sehen, dass sich damit noch viel mehr verbindet, das einem die tägliche Arbeit deutlich erleichtern kann.

Generell gilt: damit die Tabellenfunktion ihre volle Funktion und Schönheit entfalten kann, müssen die Grunddaten bestimmte Bedingungen erfüllen:

- sie müssen eine gleichmäßige Struktur haben, also überall gleiche Anzahl Zeilen und Spalten, keine zusammengefügten oder geteilten Zellen
- nur einzeilige oder fehlende Kopfzeilen, keine mehrzeiligen
- möglichst auch keine Leerzeilen, da diese dem Sinn zuwider laufen.

3.1 Schönheitsfragen

Wenn ein Bereich von Daten die obigen Bedingungen erfüllt, genügt es, irgendwo in diesen Bereich zu klicken und dann aus der Registerkarte **Start** den Eintrag **Als Tabelle formatieren** zu wählen.

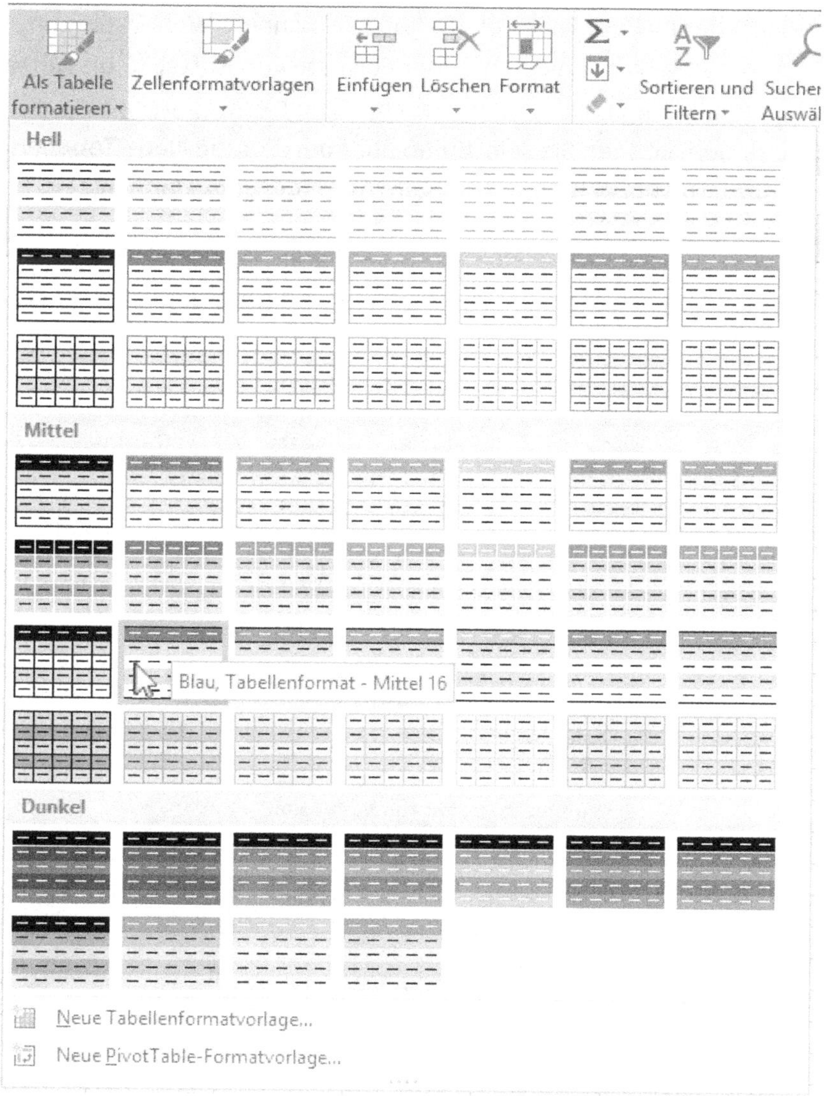

Sie bekommen dann eine Auswahl diverser unterschiedlicher Formatierungen. Diese bieten im Prinzip alle dieselben Möglichkeiten, das ist aber nicht bei allen gleich gut zu erkennen. Wählen Sie zum Testen deshalb am besten eins der Formate von **Mittel 15** bis **Mittel 21**. Wenn Sie später für die praktische Arbeit keine passende Vorlage finden, können Sie selbst eine über den Eintrag **Neue Tabellenformatvorlage...** erstellen – das wird aber nur selten lohnen.

Für unser Beispiel habe ich **Blau, Tabellenformat Mittel 16** gewählt. Nach einem Klick auf die Formatvorlage wird noch einmal sichergestellt, dass der richtige Bereich erkannt wurde.

	Januar	Februar	März	Summe
Meier	312	403	159	874
Müller	250	372	153	775
Schulze	114	487	334	935
Krause	456	410	342	1208
Demirel	226	192	485	903
Kaminski	461	212	221	894

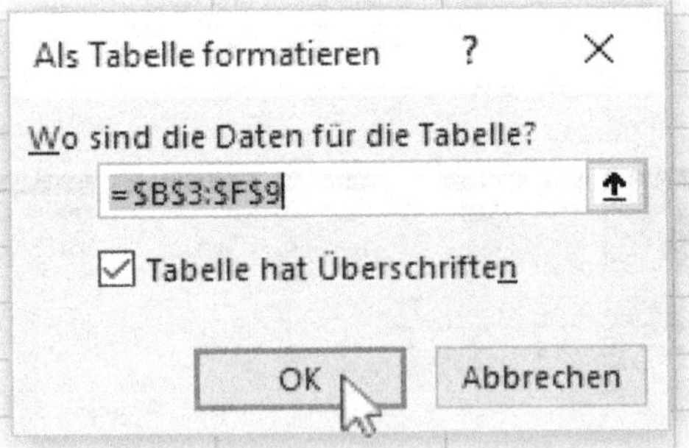

Im Falle eventueller Fehlinterpretationen können Sie jetzt den gewünschten Bereich noch einmal mit gedrückter linker Maustaste überstreichen oder aber das Häkchen aus der Überschriftenauswahl zu entfernen. Mit Klick auf **OK** wird die Tabelle entsprechend formatiert.

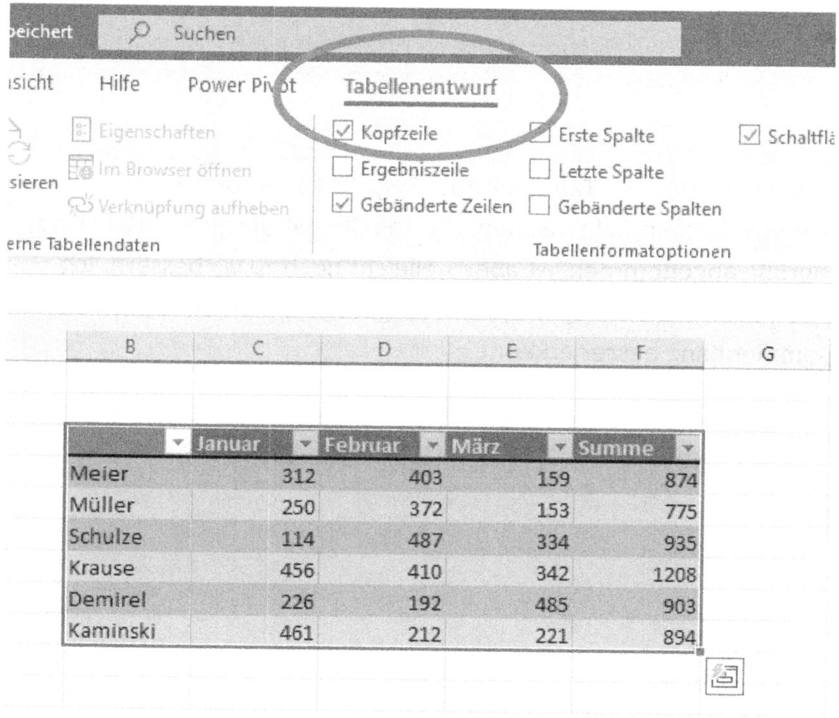

	Januar	Februar	März	Summe
Meier	312	403	159	874
Müller	250	372	153	775
Schulze	114	487	334	935
Krause	456	410	342	1208
Demirel	226	192	485	903
Kaminski	461	212	221	894

Es geschieht aber mehr als das. Sie bekommen außerdem eine weitere Registerkarte, eine sogenannte kontextsensitive Registerkarte, die nur sichtbar wird, wenn das damit verbundene Element – hier die Tabelle – einerseits überhaupt vorhanden und andererseits angeklickt ist. Manchmal, wenn Sie vielleicht noch etwas in anderen Registerkarten zu erledigen hatten, liegt sie hinter den anderen und muss mit Klick auf ihren Namen nach vorne geholt werden.

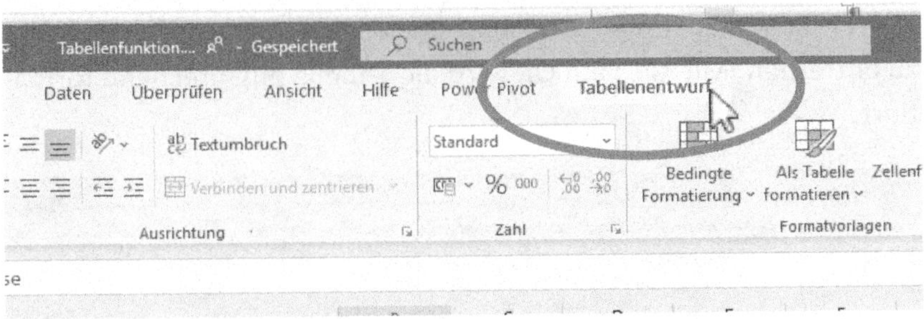

Wenn Sie dann die **Tabellentools**-Registerkarte vorn haben, können wir uns dort einmal umsehen. Die Tabelle hat die gewählte Formatierung angenommen, ist aber vielleicht noch zu verbessern. Ich habe dazu die leere Spalte A breiter gezogen, damit man den Zusammenhang besser erkennt.

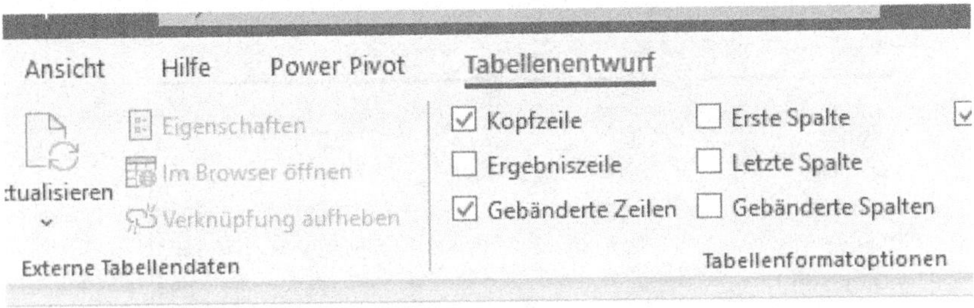

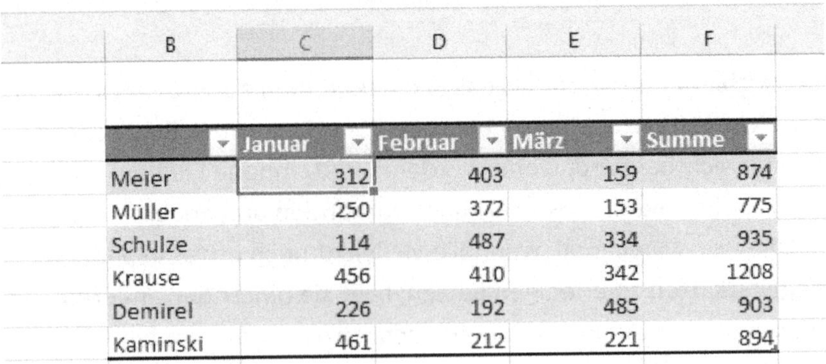

	Januar	Februar	März	Summe
Meier	312	403	159	874
Müller	250	372	153	775
Schulze	114	487	334	935
Krause	456	410	342	1208
Demirel	226	192	485	903
Kaminski	461	212	221	894

Wir haben hier nur eine kleine Beispieltabelle, aber stellen Sie sich einmal vor, Sie hätten eins der gerne auch riesigen Exemplare aus der Praxis. Da kann man leicht die Übersicht verlieren. Klicken Sie in die formatierte Tabelle, scrollen Sie jetzt einmal nach unten und beobachten Sie die Spaltenköpfe. Kaum ist die Kopfzeile der Tabelle aus dem sichtbaren Bereich verschwunden, werden die Spalten anders dargestellt:

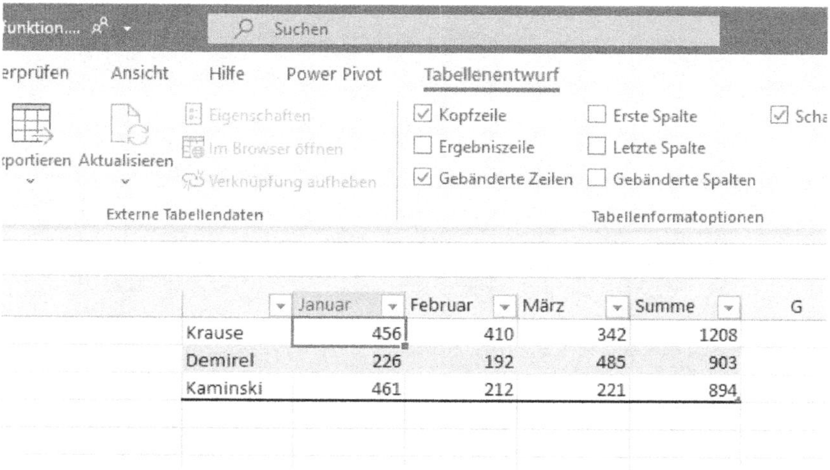

So kann die Übersicht leichter gewahrt bleiben. Das erklärt dann auch ein wenig, warum es Ihnen nicht gelingen wird, über der Namensspalte statt „Spalte 1" eine leere Zelle zu haben. Hier muss immer ein eindeutiger Text stehen, notfalls nummeriert Excel die Spalten selber durch. Allerdings ist auch ein einzelnes Leerzeichen aus Sicht von Excel ein eindeutiger Text. Das wurde hier eingesetzt, so dass die Zelle scheinbar leer angezeigt wird.

Rollen wir jetzt wieder nach oben und sehen uns die verschiedenen Tabellenformatoptionen an. Bei dieser Tabelle ist es sicher nützlich, die erste und letzte Spalte hervorheben zu lassen. Mit zwei Mausklicken in der Registerkarte ist das erledigt.

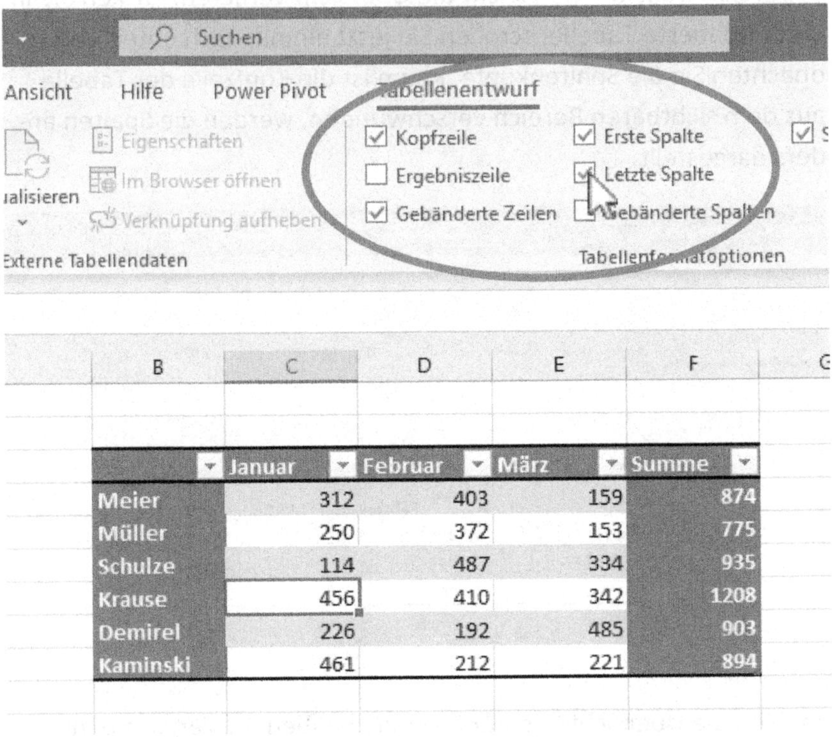

Damit sieht die Sache schon übersichtlicher aus. Dann wird Ihnen wahrscheinlich die grau-weiße Bänderung im Hintergrund auffallen. Diese ist sehr nützlich, wenn man bei einer breiteren Tabelle sehen möchte welche Daten eigentlich zusammengehören. Man kann sich damit die Rahmenlinien-Gitteroptik sparen, die noch nicht ganz ausgestorben ist. Und das Tollste: diese Streifen pflegen sich selbst! Wenn Sie Zellen in die Tabellen einfügen oder aus ihr löschen, werden die Streifen immer gleichmäßig bleiben. Falls Sie sie trotzdem entfernen wollen, entfernen Sie den Haken im Kästchen **Gebänderte Zeilen**. Testen Sie vielleicht auch das Häkchen für **Gebänderte Spalten**.

Interessant sind jetzt noch die beiden Kästchen für **Kopfzeile** und **Ergebniszeile**. Das Kopfzeilenhäkchen blendet eine vorhandene Kopfzeile aus wenn es entfernt wird, während das standardmäßig leere Kästchen für die Ergebniszeile eine hinzufügt. Damit beschäftigen wir uns beim Autofilter näher. Ich setze es fast immer.

Klappen Sie sich aber jetzt vielleicht die verschiedenen Formatvorlagen auf, die Sie ganz rechts in der Tabellentools-Registerkarte finden und streichen Sie mit der Maus über die verschiedenen Vorlagen. Dank der Live-Vorschau wird Ihre Tabelle jeweils die entsprechende Formatierung anzeigen, auch wenn Sie nicht klicken. Falls Sie also die Möglichkeiten der Tabellenfunktion schätzen, aber die Optik strenger mögen, können Sie sich dann auch eine sehr schlichte Version heraussuchen.

Es wird kaum einmal einen Anlass geben die Tabellenfunktion wieder abzuschalten. Falls Sie es aber doch wollen, geht das in der **Tabellentools**-Registerkarte unter der Schaltfläche **In Bereich konvertieren**. Dabei bleiben dann nicht nur die Daten erhalten, sondern auch die gewählten Formatierungen.

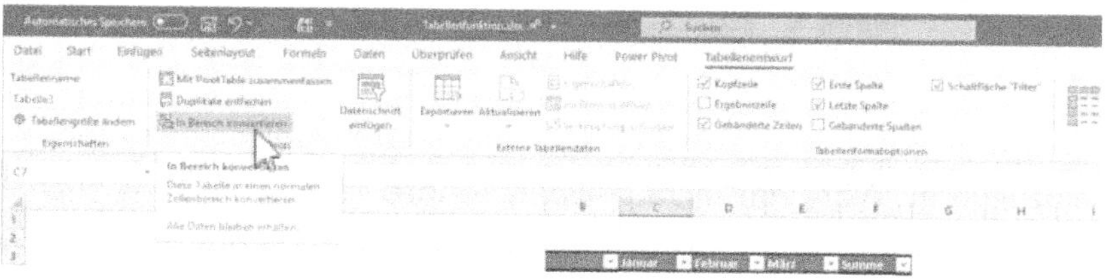

3.2 Rechnen

Die Schönheitsfragen der Tabellenfunktion mögen noch reine Geschmackssache sein, ernstlich Arbeitsersparnis kann man aber durch das Rechnen mit der Tabellenfunktion erzielen. Dazu habe ich einen Teil der Tabelle in ein neues Tabellenblatt kopiert und möchte jetzt eine sehr einfache Beispielrechnung darin vornehmen. Eine beliebig komplexe Konstruktion würde ebenso funktionieren. Wenn in der Praxis schon eine leere Spalte vorhanden ist, kann diese verwendet werden, aber sehen wir uns hier an was passiert, wenn genau neben eine vorhandene Tabelle noch Inhalte gesetzt werden.

Ich habe also in die Zelle **D4** „Doppelter Januar“ geschrieben und dann mit **Enter** abgeschlossen.

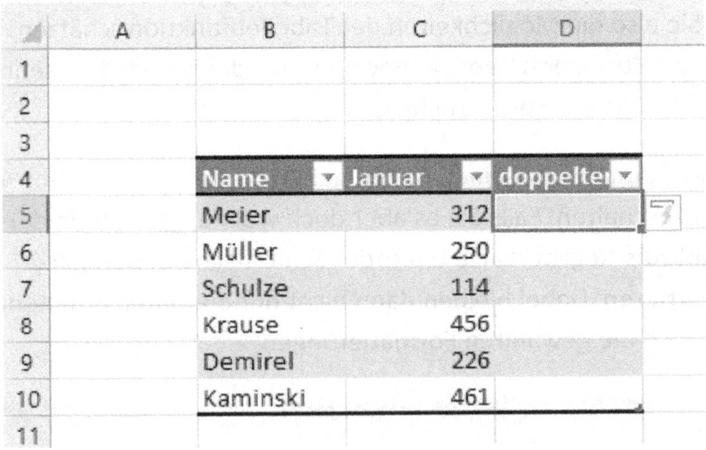

	A	B	C	D
1				
2				
3				
4		Name	Januar	doppelter
5		Meier	312	
6		Müller	250	
7		Schulze	114	
8		Krause	456	
9		Demirel	226	
10		Kaminski	461	
11				

Daraufhin wird die ganze Spalte bis zum letzten Eintrag der Tabelle hinzugefügt. Wäre das nicht gewollt, könnte ich den Vorgang auch mit dem an der Zelle **D5** eingeblendeten Blitzsymbol wieder rückgängig machen.

Und jetzt wird es spannend: Ich schreibe in die Zelle **D5** eine Gleichung, die den Wert in Zelle **C5** verdoppelt. Dazu gebe ich den Zellbezug nicht über die Tastatur ein, sondern klicke die Zelle mit der Maus an:

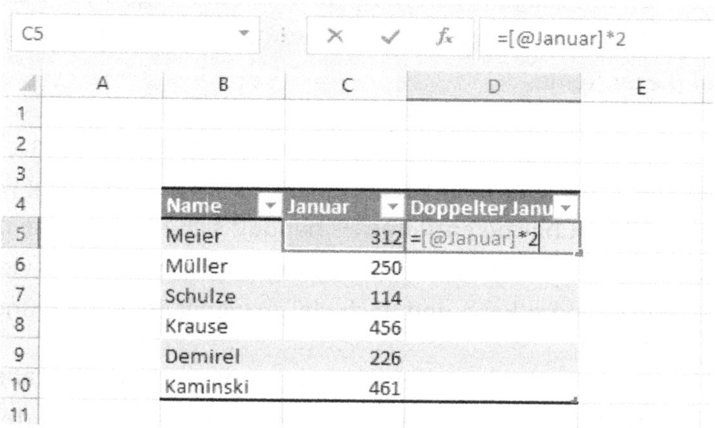

Hier wird schon klar, dass sich die Optik vom Gewohnten unterscheidet. Das finde ich praktisch und übersichtlich, muss das aber nicht so nehmen. Falls es Ihnen vertrauter sein sollte die Zellbezüge einzutippen, funktioniert der gleich folgende Effekt auch. Dieser tritt ein, wenn Sie nach der Eingabe einer beliebigen Gleichung auf die **Enter**-Taste drücken.

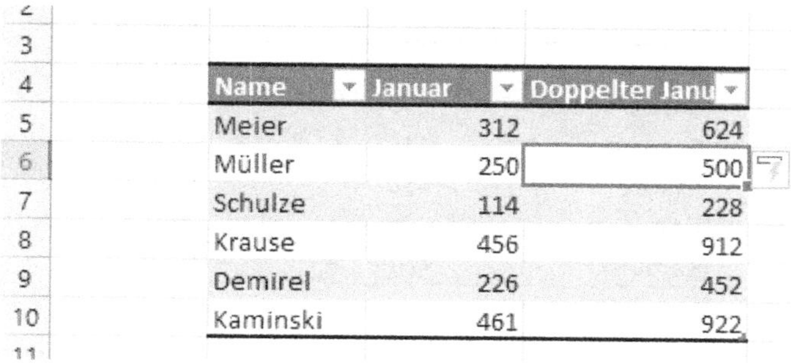

Alle Zellen dieser Spalte führen jetzt bis zum Tabellenende dieselbe Berechnung aus. Und sofern Sie an der Berechnung etwas zu korrigieren haben tun Sie es am besten in der obersten Zelle, dann werden alle nachfolgenden Zellen auch geändert. Das kann schon einige Arbeit mit den Bezügen sparen. Sollte Ihnen der Begriff der Bezüge in Excel nichts sagen, empfehle ich Ihnen „Arbeit für Doofe sparen", Bd. 14 dieser Reihe.

Noch einfacher werden gängige Rechenoperationen mit dem Schnellanalysetool ausgeführt, das in diesem Zusammenhang wohl seinen größten Charme entfaltet. Es handelt sich hier um eine noch einmal ausgebaute Version des SmartTags, das die Arbeit an vielen Stellen verschönern kann und noch viel zu wenig Beachtung findet.

Das Schnellanalysetool erscheint immer wenn die gesamte Tabelle markiert ist. Klicken Sie also in eine beliebige Zelle innerhalb der Tabelle und drücken Sie **Strg** und **A**, damit wird hier die Tabelle markiert. Daraufhin erscheint in der rechten unteren Ecke der Tabelle das Symbol der Schnellanalyse, das Sie anklicken können.

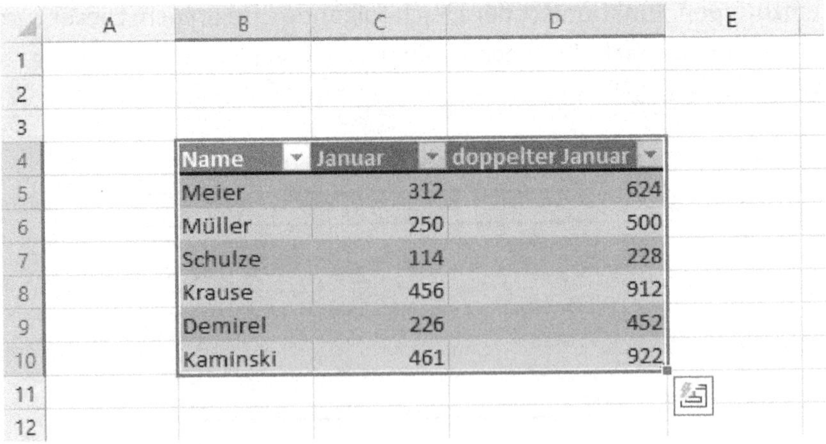

Name	Januar	doppelter Januar
Meier	312	624
Müller	250	500
Schulze	114	228
Krause	456	912
Demirel	226	452
Kaminski	461	922

Alternativ klicken Sie in eine Zelle der formatierten Tabelle und drücken Sie **Strg** und **Q**, dann wird das Schnellanalysetool gleich aufgefaltet.

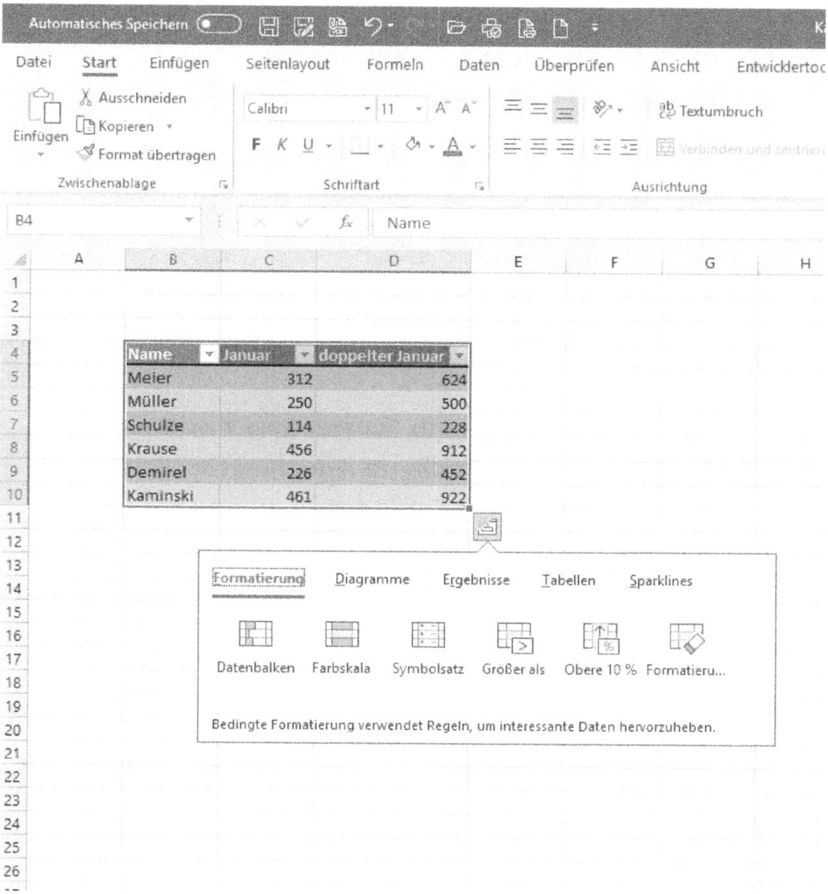

Dieses Schnellanalysetool will diverse recht unterschiedliche Funktionen vereinigen – hier interessiert uns aber nur, was unter dem Eintrag **Ergebnisse** angeboten wird. Klicken Sie dazu auf **Ergebnisse**.

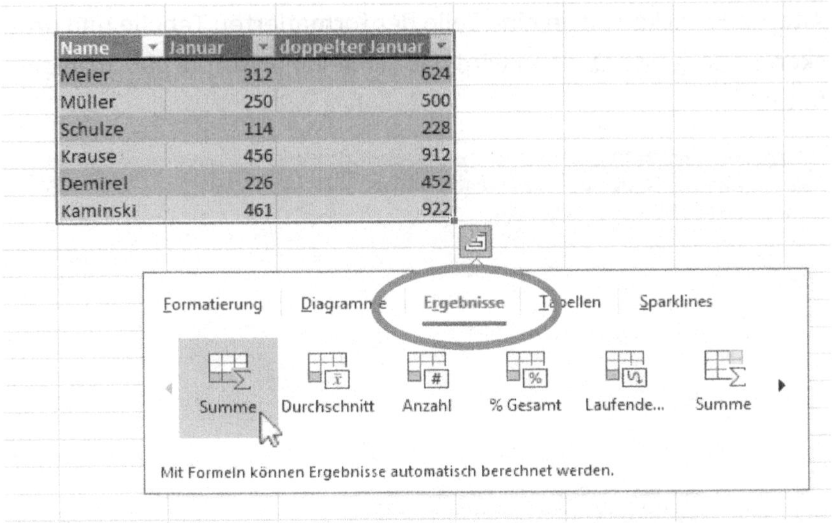

Streichen Sie einmal mit der Maus über die verschiedenen Angebote. Testen Sie auch die Möglichkeiten der Berechnungen pro Zeile, die auf der rechten Seite hereingerollt werden können.

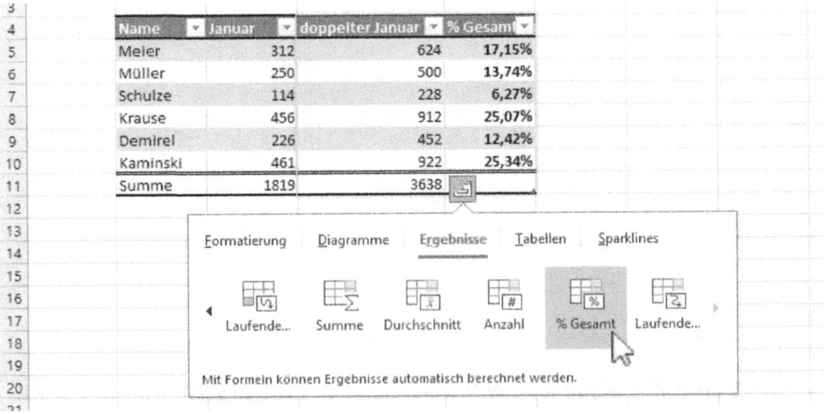

Noch komfortabler wird man einfache Rechenarbeit kaum machen können.

3.3 Gefilterte Listen

Mindestens ebenso schön wird die Arbeit mit dem Autofilter. Hier soll es nicht darum gehen den Autofilter zu erklären, das steht im Heft „Die Nadel im Heuhaufen". Für den Moment wird vorausgesetzt, dass der Filter grundsätzlich bekannt ist. Wie die Optik der Tabelle eingestellt wird ist hier weitenteils Geschmackssache, es sollte aber unbedingt die Ergebniszeile eingeblendet werden. Meine Ausgangssituation sieht so aus:

B	C	D	E
Name	Januar	Februar	März
Meier	312	403	159
Müller	250	372	153
Schulze	114	487	334
Krause	456	410	342
Demirel	226	192	485
Kaminski	461	212	221
Ergebnis			1694

Praktischerweise wurde mir ganz ohne eigenes Zutun für die Märzspalte schon ein Ergebnis ausgerechnet. Aber was für eins? Das erfahre ich, wenn ich auf diese Zelle gehe und mir die Möglichkeiten ansehe, die dort geboten werden.

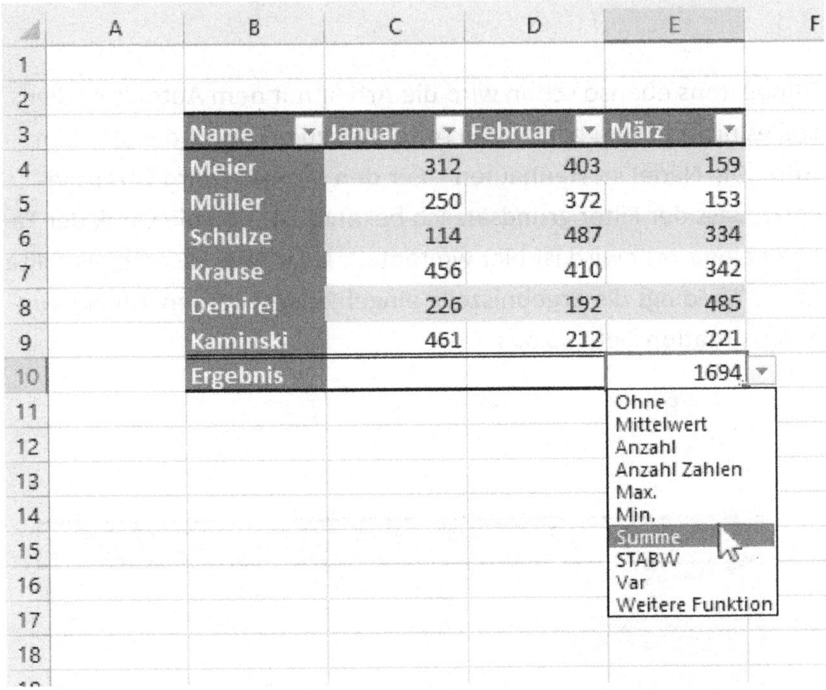

Damit kann man praktisch alle gängigen Auswertungswünsche per Mausklick erfüllen. Dieselben Funktionen haben Sie auch unter allen anderen Spalten zur Verfügung – Sinn entfalten sie natürlich nur in Zahlenspalten. Und Sie können vorn natürlich die Beschriftung beliebig ändern und eine klare Bezeichnung eintragen.

Spannend wird die Sache jetzt aber, wenn in der Liste ein beliebiger Filter gesetzt wird. Ich filtere jetzt zum Beispiel auf Namen, die mit K anfangen. Das Ergebnis aktualisiert sich immer automatisch korrekt, egal welche Funktion Sie auswählen. Das gibt es so perfekt und pflegeleicht nur in den als Tabelle formatierten Tabellen.

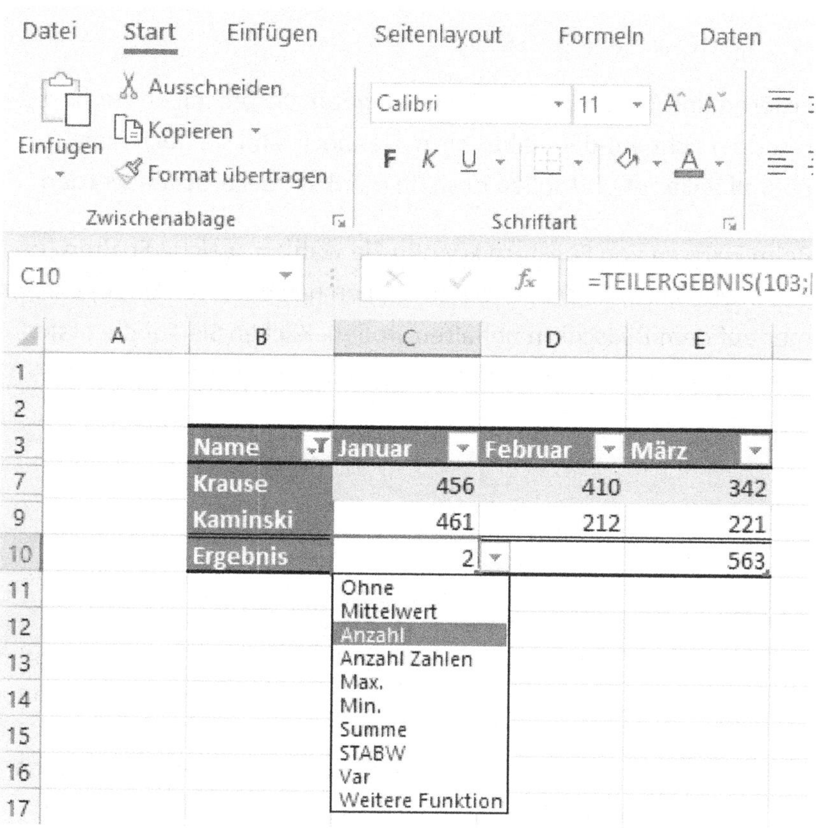
Datei
Start
Einfügen
Seitenlayout
Formeln
Daten
Ausschneiden
Kopieren
Format übertragen
Einfügen
Zwischenablage
Calibri
11
F K U
Schriftart
C10
=TEILERGEBNIS(103;
Name
Januar
Februar
März
Krause
456
410
342
Kaminski
461
212
221
Ergebnis
2
563
Ohne
Mittelwert
Anzahl
Anzahl Zahlen
Max.
Min.
Summe
STABW
Var
Weitere Funktion

4 Fixieren und Teilen

Fixieren und Teilen sind zwei lang eingeführte Techniken zur besseren Übersicht auf dem Bildschirm. Dennoch sind sie noch nicht überall bekannt und sollen deshalb hier kurz besprochen werden.

Beim Fixieren von Fenstern können Sie wählen, welche Spalten (gesehen von links) und/oder welche Zeilen (gesehen von oben) Sie immer auf dem Bildschirm behalten wollen. Klicken Sie auf die erste Zelle die Sie nicht immer brauchen. In unserem Fall wäre das **B6**.

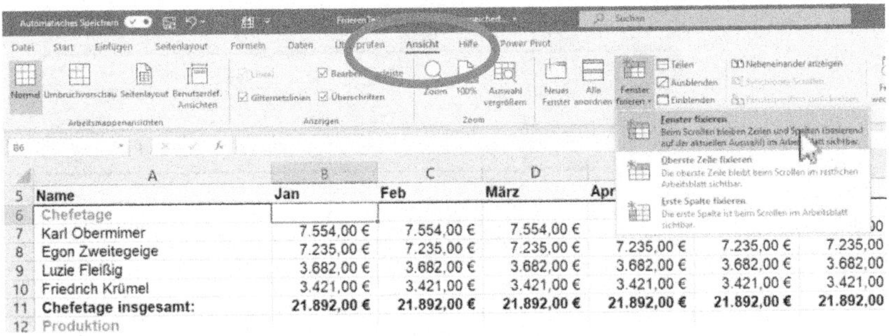

Danach scheint sich nicht viel geändert zu haben. Den Effekt sehen Sie erst, wenn Sie nach unten und/oder zur Seite scrollen.

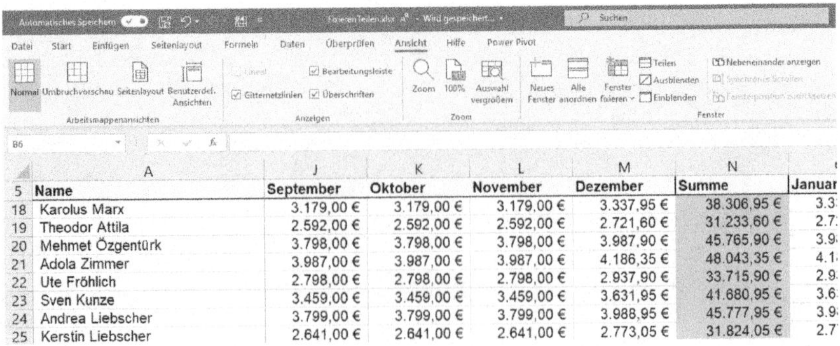

Ab sofort sind die erste Spalte und die erste Zeile der Tabelle immer zu sehen und erleichtern den Überblick. Achten Sie auf die Nummerierung der Zeilen und Spalten: hier scheint jetzt ein Sprung zu sein. Dass die betreffenden Zeilen oder Spalten tatsächlich fehlen ist ausgeschlossen – wären sie verschwunden, hätte Excel die anderen Zeilen und Spalten wieder neu nummeriert. Aber da ich beim Fixieren die obersten 4 Zeilen nicht auf dem Bildschirm hatte, kann ich diese jetzt nicht mehr einfach so ansehen. Das Blatt scheint erst mit der Zeile 5 anzufangen. Sie kommen an diese Zeilen erst wieder heran, wenn Sie die Fixierung entfernen.

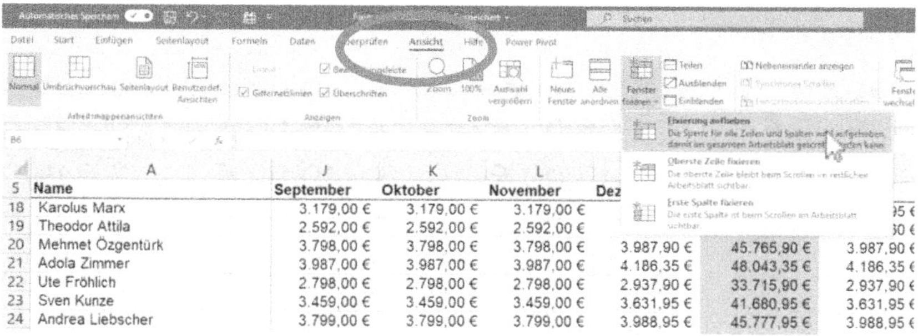

Die Fixierung ist also in erster Linie geeignet um Daten am Anfang der Tabelle im Blick zu behalten. Für Daten am rechten oder unteren Ende der Tabelle wäre die Teilung des Fensters zu erwägen.

Die Fensterteilung ist eine Alternative zur Fixierung, sie kann nicht gleichzeitig mit ihr verwendet werden. Falls Sie also auf Ihrer aktuellen Tabelle eine Fixierung verwendet haben, wird diese in den hier besprochenen modernen Versionen entfernt und durch die Teilung ersetzt. Auf jeden Fall finden Sie das fragliche Symbol ebenfalls in der Registerkarte **Ansicht**.

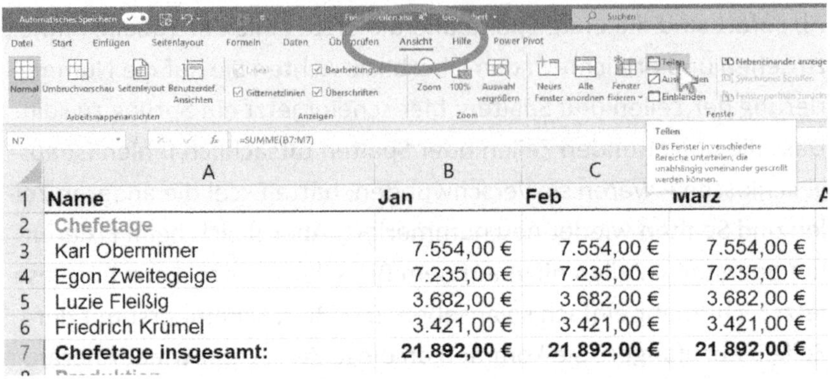

An der oberen linken Ecke Ihres aktuellen Zellcursors wird jetzt das Fenster geteilt.

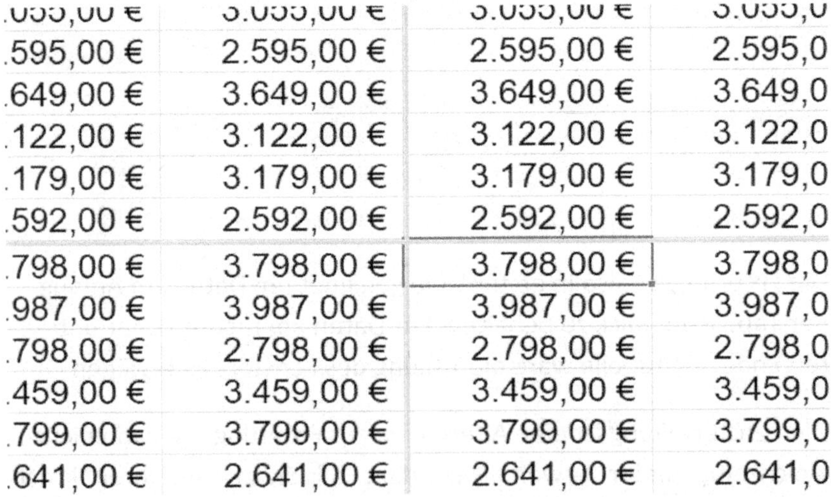

Die Teilungsstriche können Sie mit der Maus beliebig verschieben. Wie oben erwähnt ist die Funktion aber am Ende der Tabelle besonders praktisch.

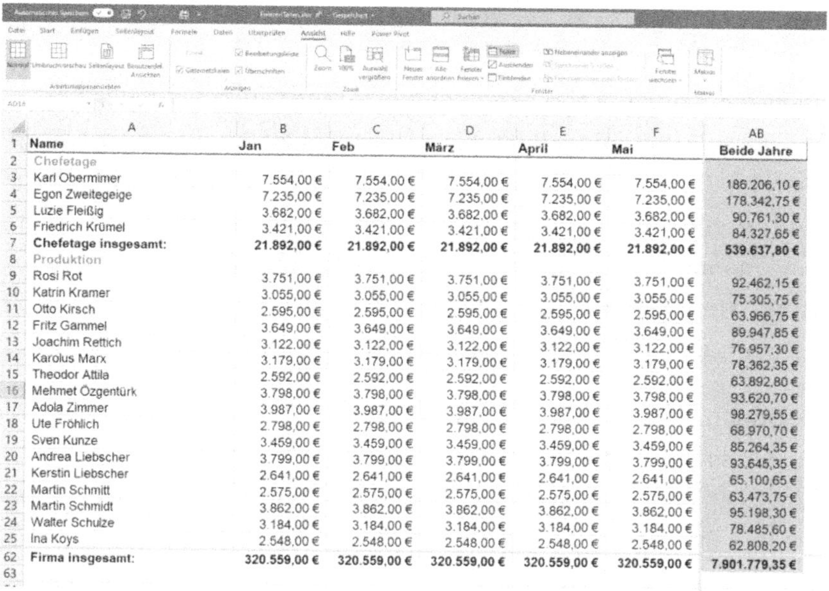

	A	B	C	D	E	F	AB
1	Name	Jan	Feb	März	April	Mai	Beide Jahre
2	Chefetage						
3	Karl Obermimer	7.554,00 €	7.554,00 €	7.554,00 €	7.554,00 €	7.554,00 €	186.206,10 €
4	Egon Zweitegeige	7.235,00 €	7.235,00 €	7.235,00 €	7.235,00 €	7.235,00 €	178.342,75 €
5	Luzie Fleißig	3.682,00 €	3.682,00 €	3.682,00 €	3.682,00 €	3.682,00 €	90.761,30 €
6	Friedrich Krümel	3.421,00 €	3.421,00 €	3.421,00 €	3.421,00 €	3.421,00 €	84.327,65 €
7	**Chefetage insgesamt:**	**21.892,00 €**	**21.892,00 €**	**21.892,00 €**	**21.892,00 €**	**21.892,00 €**	**539.637,80 €**
8	Produktion						
9	Rosi Rot	3.751,00 €	3.751,00 €	3.751,00 €	3.751,00 €	3.751,00 €	92.462,15 €
10	Katrin Kramer	3.055,00 €	3.055,00 €	3.055,00 €	3.055,00 €	3.055,00 €	75.305,75 €
11	Otto Kirsch	2.595,00 €	2.595,00 €	2.595,00 €	2.595,00 €	2.595,00 €	63.966,75 €
12	Fritz Gammel	3.649,00 €	3.649,00 €	3.649,00 €	3.649,00 €	3.649,00 €	89.947,85 €
13	Joachim Rettich	3.122,00 €	3.122,00 €	3.122,00 €	3.122,00 €	3.122,00 €	76.957,30 €
14	Karolus Marx	3.179,00 €	3.179,00 €	3.179,00 €	3.179,00 €	3.179,00 €	78.362,35 €
15	Theodor Attila	2.592,00 €	2.592,00 €	2.592,00 €	2.592,00 €	2.592,00 €	63.892,80 €
16	Mehmet Özgentürk	3.798,00 €	3.798,00 €	3.798,00 €	3.798,00 €	3.798,00 €	93.620,70 €
17	Adola Zimmer	3.987,00 €	3.987,00 €	3.987,00 €	3.987,00 €	3.987,00 €	98.279,55 €
18	Ute Fröhlich	2.798,00 €	2.798,00 €	2.798,00 €	2.798,00 €	2.798,00 €	68.970,70 €
19	Sven Kunze	3.459,00 €	3.459,00 €	3.459,00 €	3.459,00 €	3.459,00 €	85.264,35 €
20	Andrea Liebscher	3.799,00 €	3.799,00 €	3.799,00 €	3.799,00 €	3.799,00 €	93.645,35 €
21	Kerstin Liebscher	2.641,00 €	2.641,00 €	2.641,00 €	2.641,00 €	2.641,00 €	65.100,65 €
22	Martin Schmitt	2.575,00 €	2.575,00 €	2.575,00 €	2.575,00 €	2.575,00 €	63.473,75 €
23	Martin Schmidt	3.862,00 €	3.862,00 €	3.862,00 €	3.862,00 €	3.862,00 €	95.198,30 €
24	Walter Schulze	3.184,00 €	3.184,00 €	3.184,00 €	3.184,00 €	3.184,00 €	78.485,60 €
25	Ina Koys	2.548,00 €	2.548,00 €	2.548,00 €	2.548,00 €	2.548,00 €	62.808,20 €
62	**Firma insgesamt:**	**320.559,00 €**	**320.559,00 €**	**320.559,00 €**	**320.559,00 €**	**320.559,00 €**	**7.901.779,35 €**
63							

Sie haben so Anfang und Ende eines Tabellenblattes auf einem Bildschirm. Allerdings kann diese Anzeige mit den vier Scrollbalken manchmal auch sehr verwirrend sein. Man sollte sich deshalb gut überlegen, ob alle Beteiligten mit der Optik gut zurechtkommen.

Wenn Sie eine der Teilungen loswerden möchten, ziehen Sie sie zum rechten bzw. unteren Rand, wollen Sie beide wieder entfernen, hilft ein erneuter Klick auf **Teilen**.

5 Gruppieren und Gliedern

Die für meinen Geschmack eleganteste, aber auch am wenigsten bekannte Art auf dem Bildschirm Übersicht zu schaffen ist die Gruppierung. Damit können Zeilen oder Spalten nach Bedarf schnell ein- und ausgeblendet werden. Je nach Struktur Ihrer Daten bietet sich eine manuelle oder automatische Gruppierung an. Voraussetzung ist in jedem Fall, dass die Tabelle einfach strukturiert ist – zusammengefügte Zellen verhindern die Gruppierung in jedem Fall.

Beginnen wir zunächst mit der manuellen Gruppierung. Nehmen wir an, Sie sind die Lohnbuchhaltung eines Unternehmens und haben eine Liste ähnlich unserem Beispiel fortzuführen. Die Spalten, in die Sie Ihre Einträge vollständig eingepflegt haben interessieren Sie irgendwann nicht mehr – sie müssen aber selbstverständlich weiter ins Firmenergebnis eingehen. Wenn jetzt also die Monate Juli, August und September vom Bildschirm verschwinden sollen, streichen Sie mit gedrückter linker Maustaste über die Spaltenköpfe H, I und J und wählen Sie aus der Registerkarte **Daten** das **Gruppieren**.

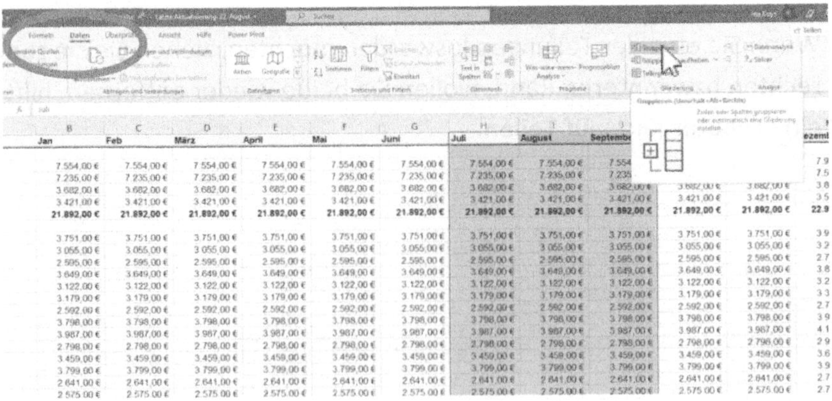

Danach wird über dem Tabellenblatt ein Ziehbalken eingeblendet.

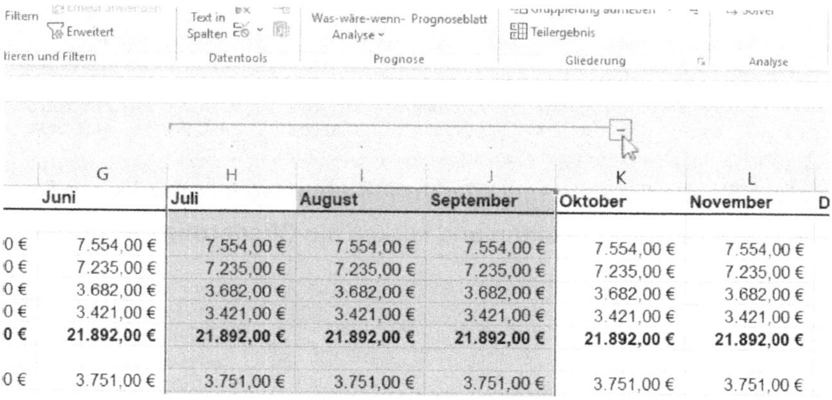

Dieser Ziehbalken hat am Ende ein Minus- bzw. Plussymbol, mit dem man per Mausklick die fraglichen Spalten oder Zeilen (mit denen geht das genau gleich) ein- oder ausblenden kann.

Ist dann irgendwann auch der Oktober fertig berechnet, kann er ebenfalls markiert werden und wird dann der unmittelbar daneben befindlichen Gruppierung hinzugefügt.

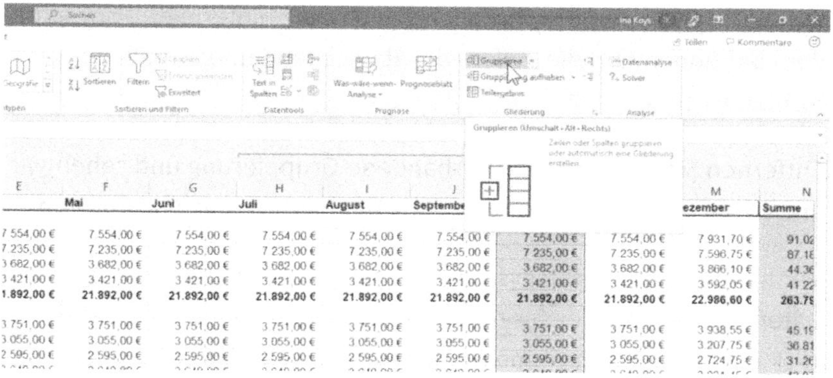

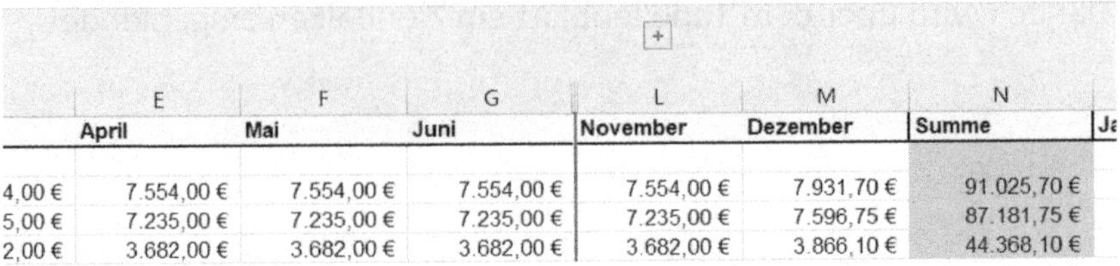

Sofern Sie die Gruppierung wieder aufheben wollen, markieren Sie die weggruppierten Spalten und klicken Sie **Gliederung entfernen**.

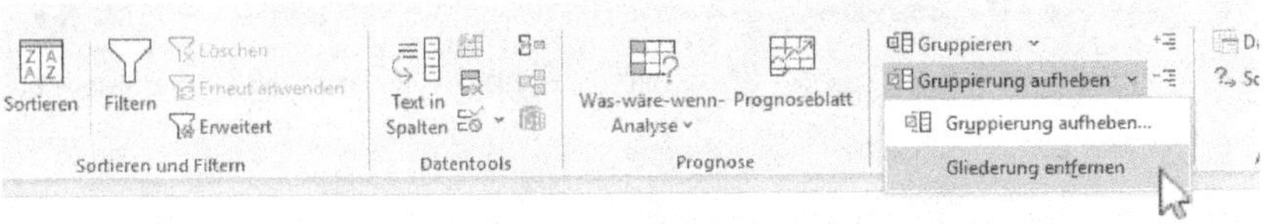

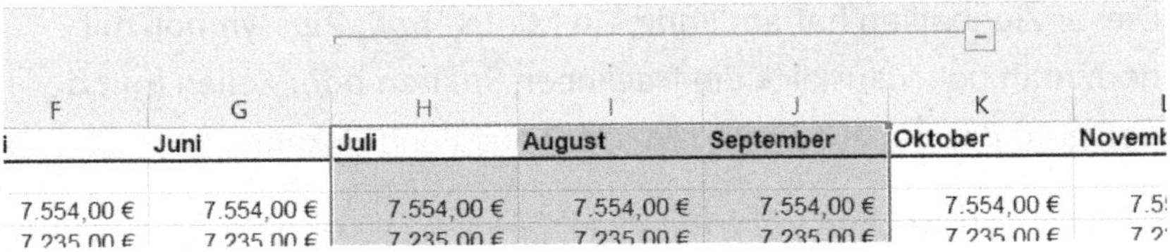

Mit der Gruppierung lässt sich vor allem dann gut Ordnung auf dem Bildschirm schaffen, wenn die Daten kein für Excel erkennbares System haben. Erkennen kann Excel gleichmäßig hinterlegte Formeln oder Funktionen und die Zellen, die abweichend und auffallend formatiert sind.

Entfernen Sie also eine ggf. vorhandene Gruppierung und sehen wir uns an, was Excel in geeigneten Tabellenblättern auch allein kann.

Wir haben also Abteilungssummen und diverse andere, die für alle Datensätze genau gleich sind. Anzeigen lassen können wir das durch Klick in den Funktionsnamen. Dann wird jeweils der angesprochene Bereich farblich gekennzeichnet.

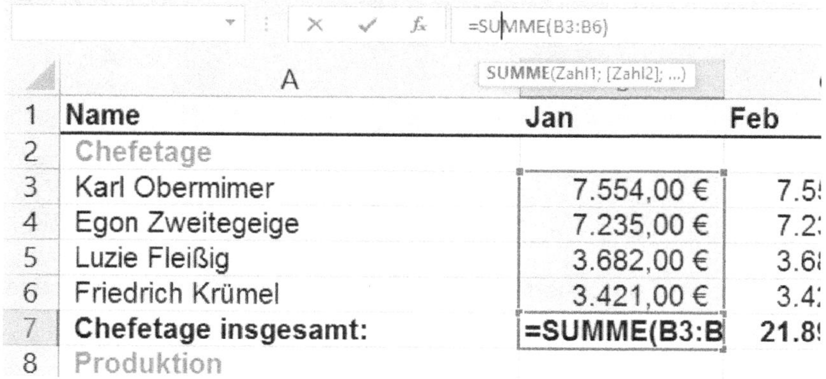

=SUMME(B3:B6)

SUMME(Zahl1; [Zahl2]; ...)

	A		
1	Name	Jan	Feb
2	Chefetage		
3	Karl Obermimer	7.554,00 €	7.5
4	Egon Zweitegeige	7.235,00 €	7.2
5	Luzie Fleißig	3.682,00 €	3.6
6	Friedrich Krümel	3.421,00 €	3.4
7	Chefetage insgesamt:	=SUMME(B3:B	21.8
8	Produktion		

Außerdem sind die jeweiligen Summen in Fettdruck und teils auch farblich abgehoben. Das reicht Excel zur Identifizierung der Zusammenhänge. Wenn sich über der Tabelle noch Daten befinden, müssen Sie die Tabelle händisch markieren. Für unser Beispiel, bei dem die Tabelle in Zeile A1 beginnt, kann das ganze Tabellenblatt markiert werden. Dazu reicht ein Klick auf die Wurzelzelle links oben vor den Spalten und Zeilen oder das Tastaturkürzel **STRG** + **A**.

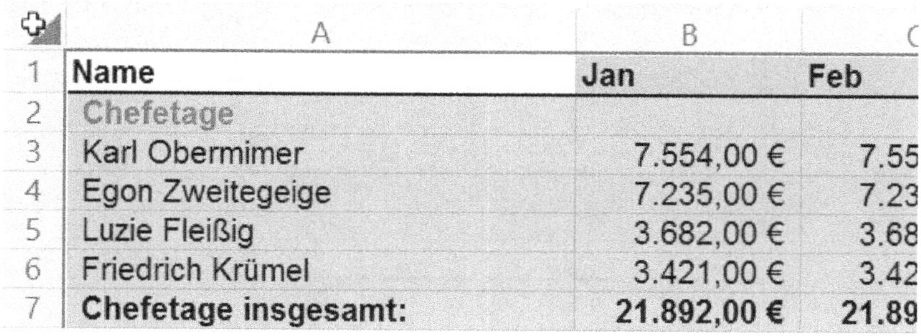

	A	B	C
1	Name	Jan	Feb
2	Chefetage		
3	Karl Obermimer	7.554,00 €	7.55
4	Egon Zweitegeige	7.235,00 €	7.23
5	Luzie Fleißig	3.682,00 €	3.68
6	Friedrich Krümel	3.421,00 €	3.42
7	Chefetage insgesamt:	21.892,00 €	21.89

Klappen Sie dann das Pfeilsymbol bei **Gruppieren** auf und wählen Sie **Autogliederung**. Übrigens verwendet Microsoft die beiden Begriffe „Gruppierung“ und „Gliederung“ selbst gelegentlich durcheinander – seien Sie im Zweifel ebenso flexibel.

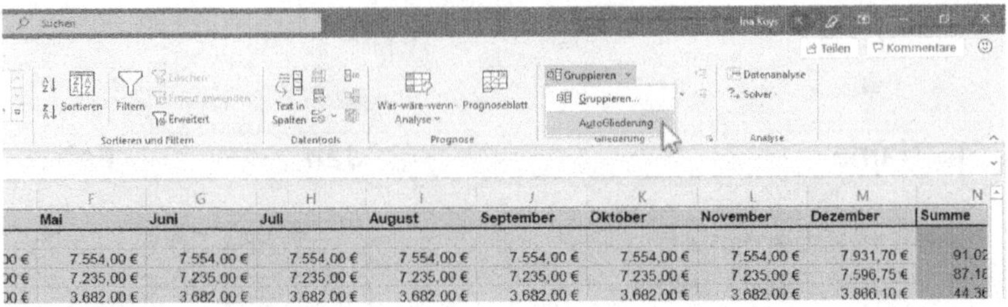

Nach Klick auf **Autogliederung** hat Excel die von Ihnen vorgegebene Struktur nachvollzogen.

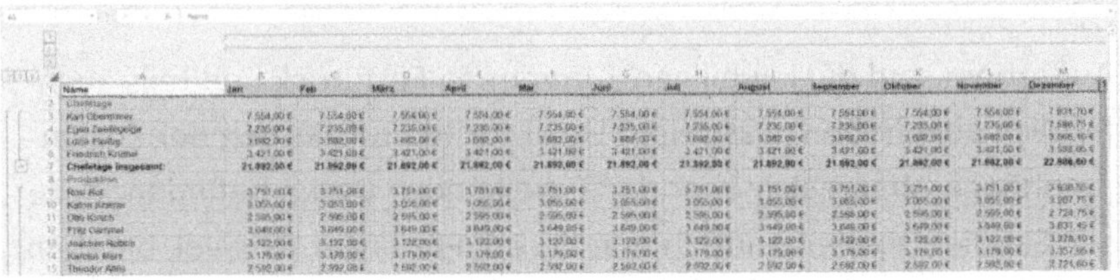

Ggf. sind Gliederungen in mehreren Ebenen gefunden worden, die Sie mit den Zahlensymbolen auch getrennt ein- und ausklappen können.

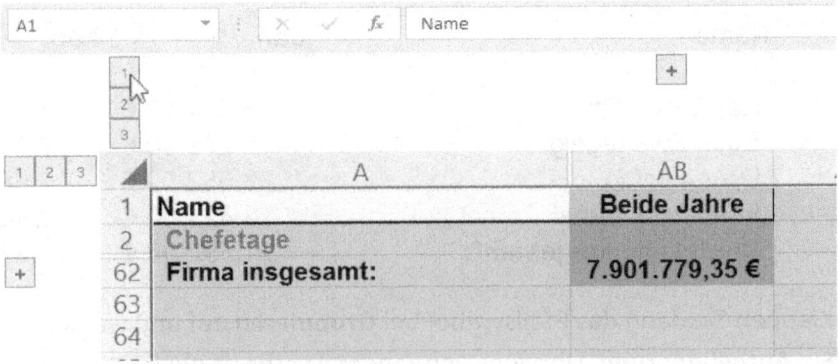

Auf diese Art lässt sich leicht eine sehr kompakte Darstellung des Ergebnisses erzielen. Spannend wird es jetzt aber, falls Sie die Ergebnisse weitergeben müssen. Schließlich handelt es sich in unserem Fall ja um Personaldaten, die keinesfalls in falsche Hände geraten dürfen. Wenn wir das Blatt einfach kopieren kann sich jeder die Daten wieder einblenden. Wenn wir den Zellbereich kopieren wie üblich sind alle Detaildaten mit kopiert. Beides wäre unerwünscht. Damit es funktioniert wie gewünscht müssen wir eine richtig gut versteckte Funktion griffbereit in die Schnellzugriffsleiste legen oder uns das passende Tastaturkürzel merken.

Um die Schnellzugriffsleiste anzupassen klicken wir zunächst auf den Klapppfeil dahinter und wählen **Weitere Befehle**.

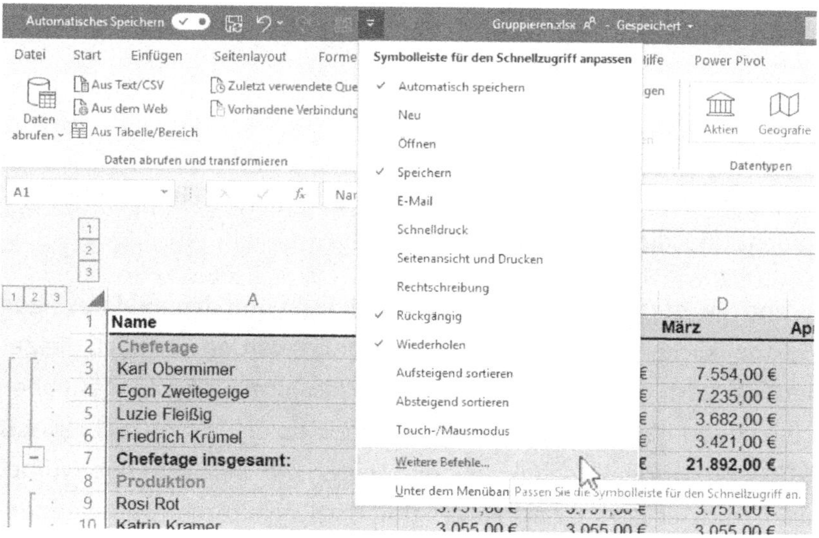

Lassen Sie im erscheinenden Anpassungsfenster **Alle Befehle** anzeigen und wählen Sie aus der alphabetischen Liste **Sichtbare Zellen markieren**.

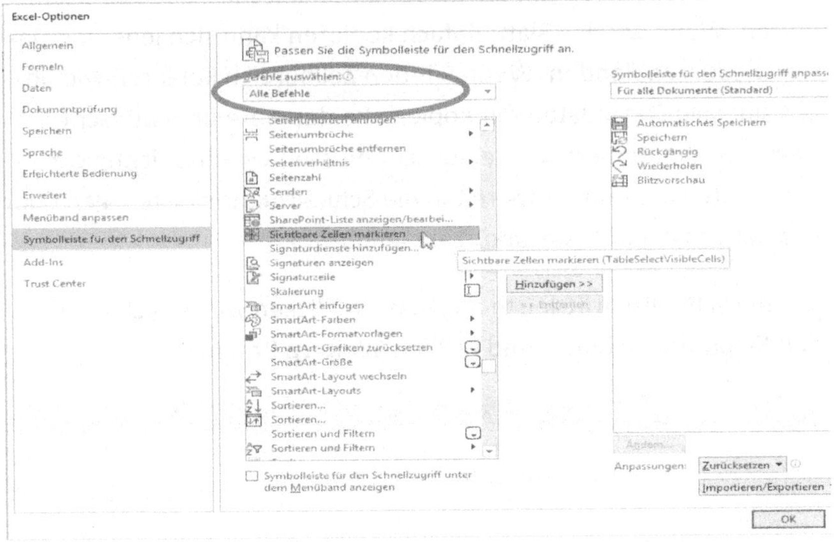

Doppelklicken Sie diesen Eintrag, dass er auf der rechten Seite auftaucht und klicken Sie **OK**.

Wenn Sie jetzt wieder die Tabelle markieren und dann auf das neue Symbol klicken, ändert sich die Optik. Jetzt werden nur noch die Zellen markiert, die Sie gerade auf dem Bildschirm eingeblendet haben. Noch deutlicher wird das, wenn Sie eine Kopierfunktion wählen, z.B. **STRG + C**. Übrigens sehen Sie beim Halten der Maus auf das Symbol auch, dass es ein Tastaturkürzel gibt, dass Sie alternativ verwenden können: **STRG + ; .**

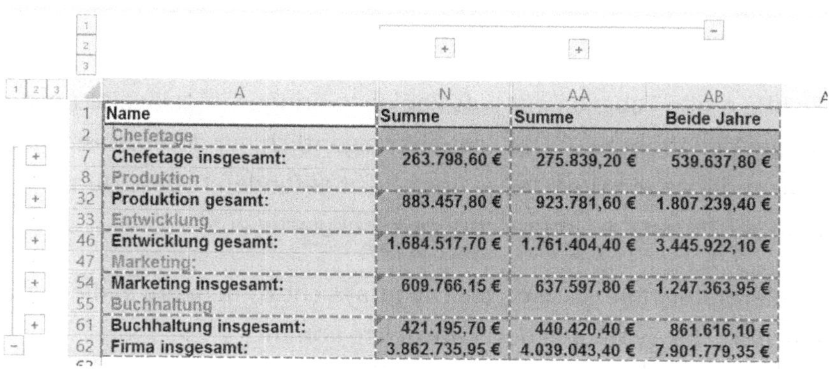

	A	N	AA	AB
1	Name	Summe	Summe	Beide Jahre
2	Chefetage			
7	Chefetage insgesamt:	263.798,60 €	275.839,20 €	539.637,80 €
8	Produktion			
32	Produktion gesamt:	883.457,80 €	923.781,60 €	1.807.239,40 €
33	Entwicklung			
46	Entwicklung gesamt:	1.684.517,70 €	1.761.404,40 €	3.445.922,10 €
47	Marketing:			
54	Marketing insgesamt:	609.766,15 €	637.597,80 €	1.247.363,95 €
55	Buchhaltung			
61	Buchhaltung insgesamt:	421.195,70 €	440.420,40 €	861.616,10 €
62	Firma insgesamt:	3.862.735,95 €	4.039.043,40 €	7.901.779,35 €

Die Daten sehen nach dem Einfügen z.B. mit **STRG** + **V** in ein neues Blatt zunächst etwas verschoben aus,

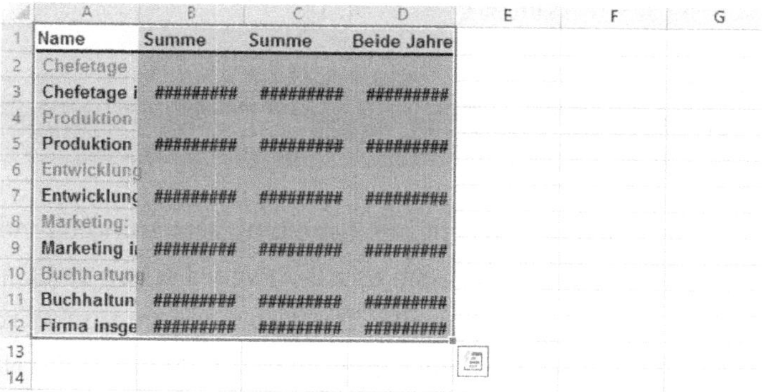

	A	B	C	D	E	F	G
1	Name	Summe	Summe	Beide Jahre			
2	Chefetage						
3	Chefetage i	#########	#########	#########			
4	Produktion						
5	Produktion	#########	#########	#########			
6	Entwicklung						
7	Entwicklunç	#########	#########	#########			
8	Marketing:						
9	Marketing i	#########	#########	#########			
10	Buchhaltung						
11	Buchhaltun	#########	#########	#########			
12	Firma insge	#########	#########	#########			
13							
14							

die Spalten lassen sich jedoch wie üblich mit der Maus breiter ziehen. Wie man sieht, sind jetzt nur erwünschte Daten auf dem Blatt.

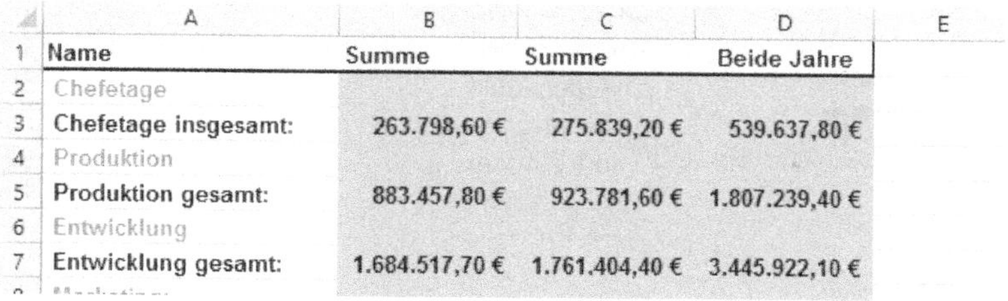

	A	B	C	D	E
1	Name	Summe	Summe	Beide Jahre	
2	Chefetage				
3	Chefetage insgesamt:	263.798,60 €	275.839,20 €	539.637,80 €	
4	Produktion				
5	Produktion gesamt:	883.457,80 €	923.781,60 €	1.807.239,40 €	
6	Entwicklung				
7	Entwicklung gesamt:	1.684.517,70 €	1.761.404,40 €	3.445.922,10 €	

6 Drucken ohne Überraschungen

Richtig große Tabellen gut aufs Papier zu bringen ist teilweise noch immer ein Abenteuer. Das liegt aber eigentlich nur daran, dass die Nutzer die neuen Werkzeuge noch nicht gefunden haben. Nutzt man sie, hören die Überraschungen schlagartig auf.

In allererster Linie wäre da die Layoutansicht zu nennen, in die man u.a. über das Symbol in der Statusleiste kommt.

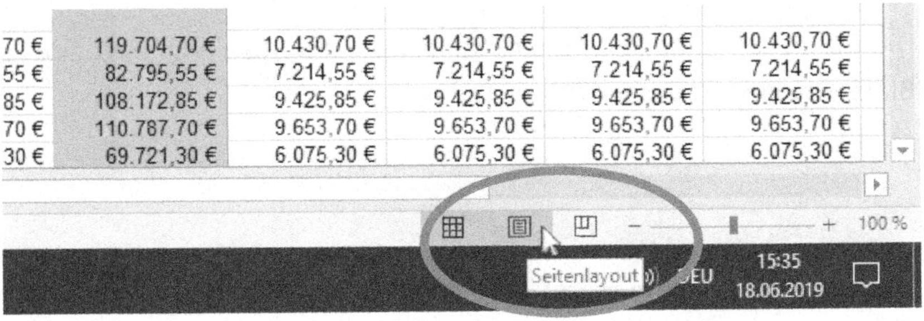

Danach ändert sich die Ansicht des Tabellenblatts grundlegend. Sie sehen es jetzt so vor sich, wie Sie es z.B. in Word schon seit Langem gewohnt sind: exakt so, wie es aus dem Drucker kommen würde. Achten Sie übrigens darauf, dass man jetzt durch Klick in die Nähe des Seitenrandes diesen manchmal ausblendet. Die Sache kann irritierend aussehen, ist aber harmlos. Klicken Sie einfach noch einmal in die Nähe des Seitenrandes, dann wird er wieder eingeblendet.

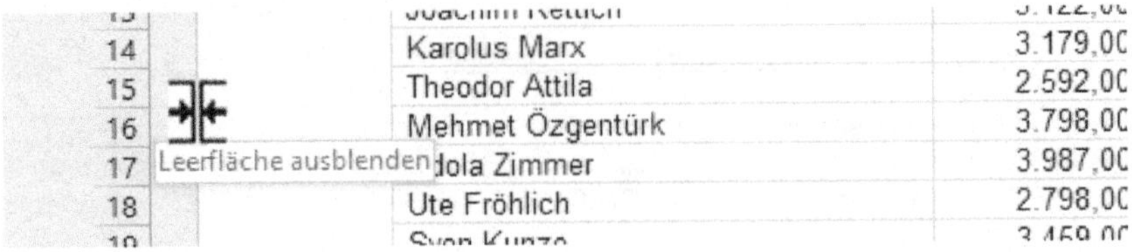

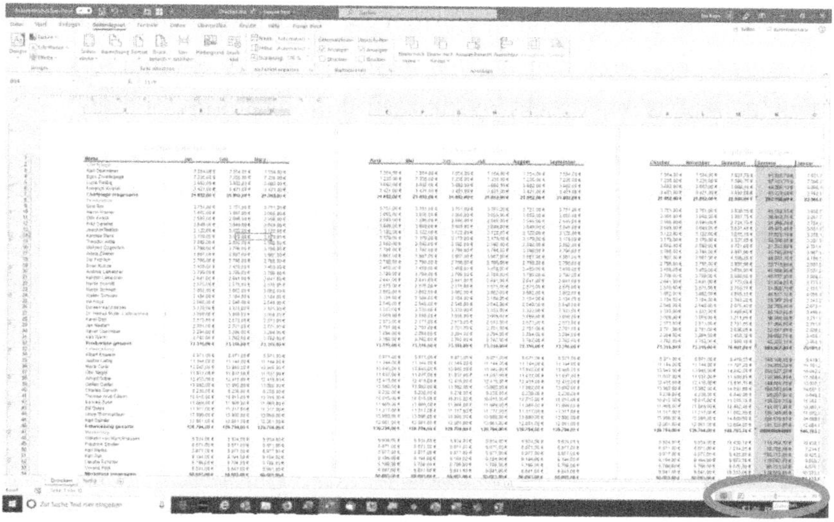

Wenn Ihnen die Ansichtsgröße nicht gefällt, können Sie sie über den Schieberegler rechts unten von 10% bis 400% einstellen. Die kleinen Prozentsätze eignen sich insbesondere zum Nachprüfen, ob eventuell leere Seiten gedruckt werden würden.

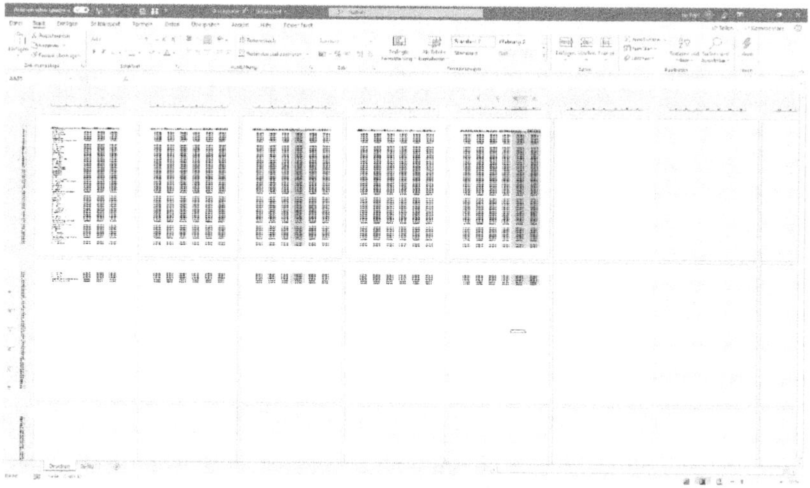

Die weiß hinterlegten Seiten würden gedruckt werden, die bläulich oder grau angezeigten nicht. Hier im Beispiel ist zu erkennen, dass zwei leere Seiten gedruckt werden würden. Dieses Phänomen kommt durch vergessene Eingaben – gern auch einzelne Leerzeichen oder vergessene Rahmenlinien – zustande. Ist so ein Fall eingetreten, markieren Sie die fraglichen Zellen oder die ganze letzte Seite und löschen Sie sie.

Danach wird das Blatt noch immer 10 A4-Seiten groß gedruckt. Und das auch noch bei einer sehr unglücklichen Aufteilung. Etwas verschönern lässt sich die Sache schon über ***Seitenlayout / Ausrichtung***, wo man das Blatt quer ausrichten kann.

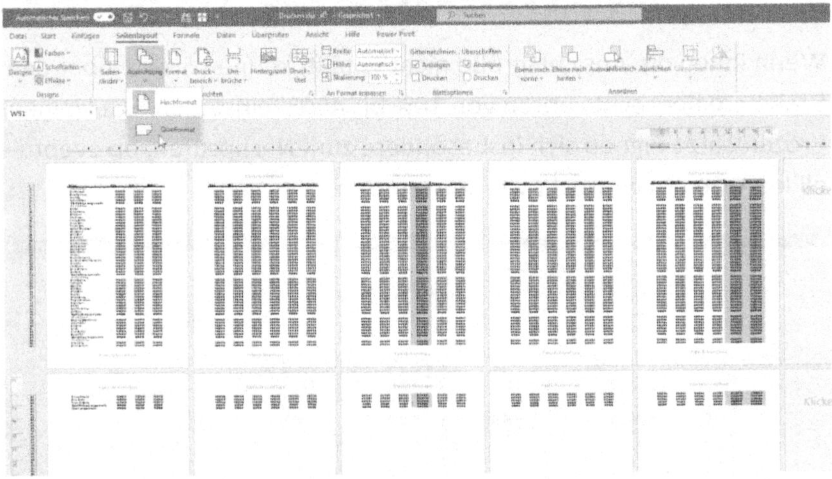

Damit geht die Optik schon einmal in die richtige Richtung. Spätestens wenn Sie die Ansicht aber wieder vergrößern wird Ihnen vielleicht auffallen, dass man spätestens auf den Seiten 4,6 und 8 keine Übersicht mehr hat, weil weder die Namen der Mitarbeiter noch die Monate noch auf dem Blatt angezeigt werden. Wie das auf dem

Bildschirm eingerichtet werden kann hatten wir uns ja schon angesehen. Auf dem Blatt Papier kann die Sache ebenso und vollkommen unabhängig von den Bildschirmeinstellungen eingerichtet werden. Dazu gibt es in der Registerkarte **Seitenlayout** den Button **Drucktitel**.

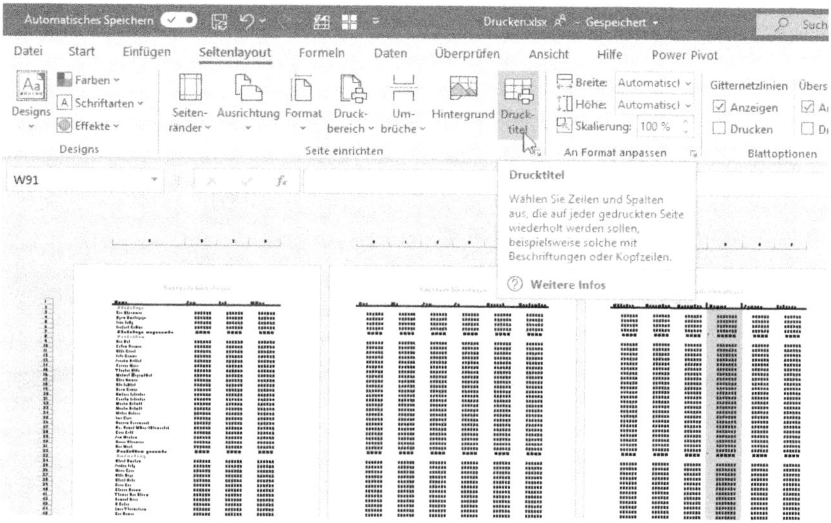

Im sich öffnenden Dialogfenster können im Bereich Drucktitel die zu wiederholenden Spalten und Zeilen angegeben werden. Am einfachsten wird es sein, zunächst das Eingabefeld zu aktivieren und dann auf dem Tabellenblatt auf die jeweiligen Zeilen- und Spaltenköpfe zu klicken.

Nach Klick auf **OK** sehen Sie das Resultat auf dem Bildschirm. Sowohl die Monate als auch die Namen werden jetzt auf allen Seiten wiederholt. Nur die Umbrüche sind noch nicht optimal und sollten noch nachgeputzt werden, damit ein überzeugendes Druckergebnis entsteht.

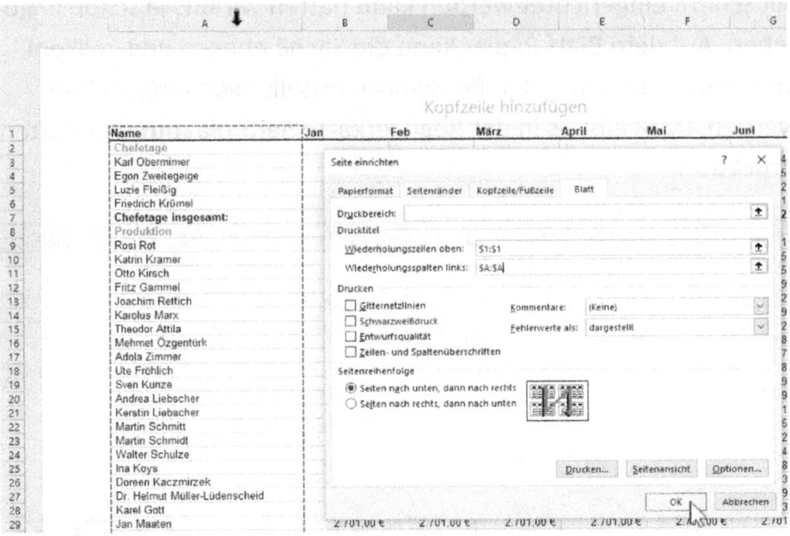

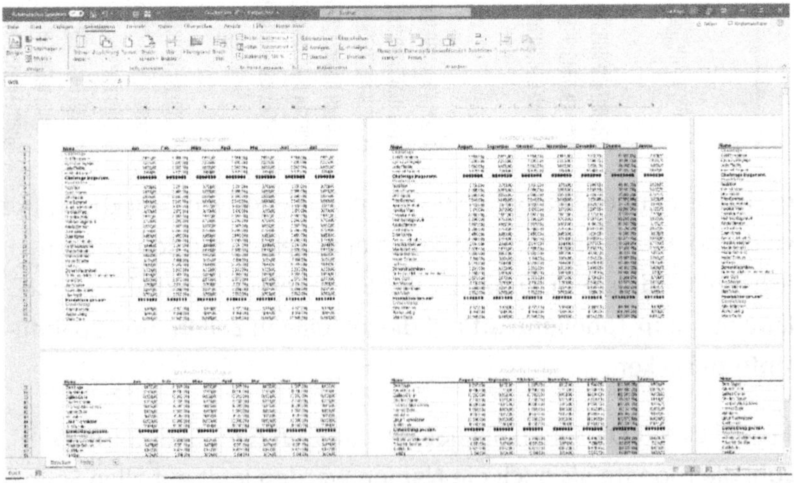

Das zweite Jahr beginnt mitten auf dem Blatt und die Abteilung Entwicklung wird geteilt, trotzdem auf dem Blatt 2 noch genügend Platz wäre. Das ändern wir jetzt. Ich setze dazu den Zellcursor auf die

Zelle **H33**, damit ab der Spalte I und der Zeile 34 jeweils ein neues Blatt anfängt. Dann wähle ich in der Registerkarte **Layout** die **Umbrüche** und wähle aus dem aufgeklappten Menü **Seitenumbruch einfügen**.

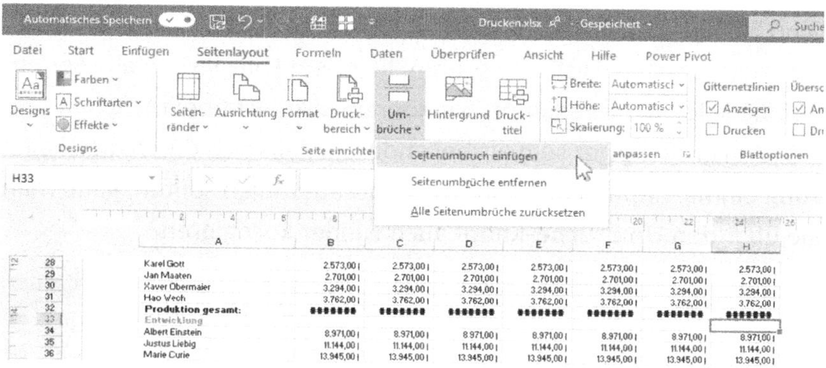

Jetzt passt der erste Teil und ich wiederhole die Aktion noch einmal in den Zelle **O33 und U33**, damit auch die anderen Halbjahre passen. Nun habe ich allerdings das Problem, dass die Summe über beide Jahre auf jeweils neuen Blättern steht. Um das jetzt zu ändern, kann ich versuchen den Ausdruck etwas zu verkleinern.

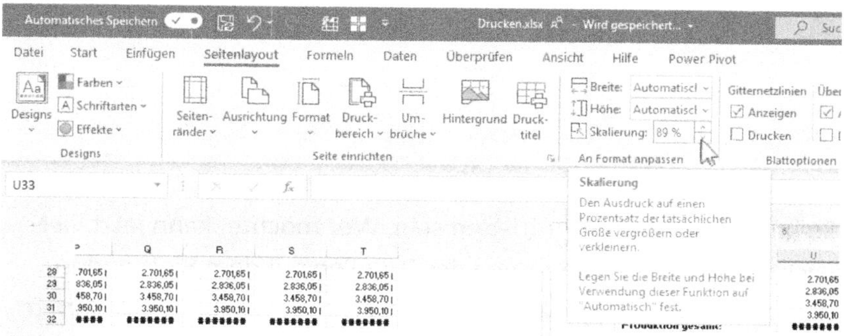

Bei 89% Skalierung bekomme ich alles auf 8 Seiten und kann die Inhalte noch gut lesen. Bei Ihnen kann das Ergebnis übrigens etwas anders ausfallen, da Excel sich jeweils nach dem eingestellten Drucker richtet und Ihrer vielleicht andere Randbreiten anbietet.

Sind Sie hinsichtlich der Lesbarkeit des Ausdrucks nicht sicher, lässt sich das auf einer Testseite prüfen. In jedem Fall werden alle Seiten auf die selbe Größe skaliert, wir können also nicht bei manchen Blättern großzügiger sein als bei anderen. Falls sich durch die Skalierung einmal unpassende Umbrüche herausstellen sollten, kann man sie über den **Umbrüche**-Knopf auch wieder korrigieren.

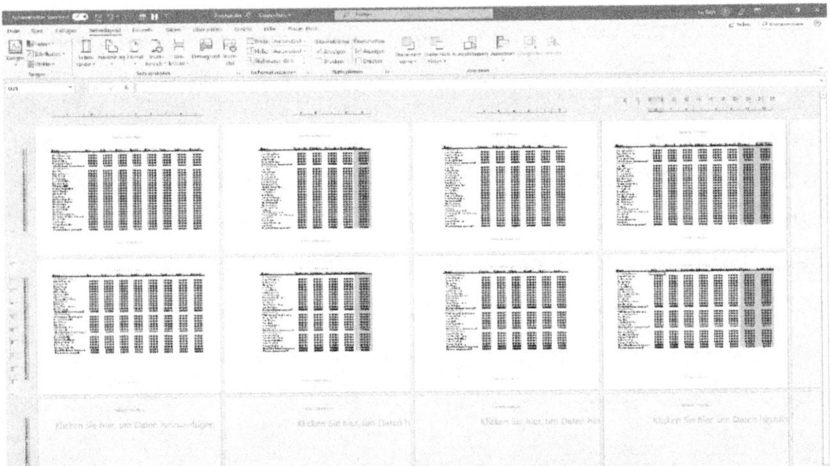

So könnte man schon zufrieden sein. Wer möchte, kann jetzt vielleicht noch die Positionierung der Tabellen auf dem Blatt ändern. Dies geht nur in einem altgedienten Fenster, das aber noch immer über das kleine Karo mit dem herauszeigenden Pfeil unten im Bereich **Seite einrichten** verfügbar ist. Hier können Sie bei Bedarf vielleicht auch die Seitenränder etwas verkleinern.

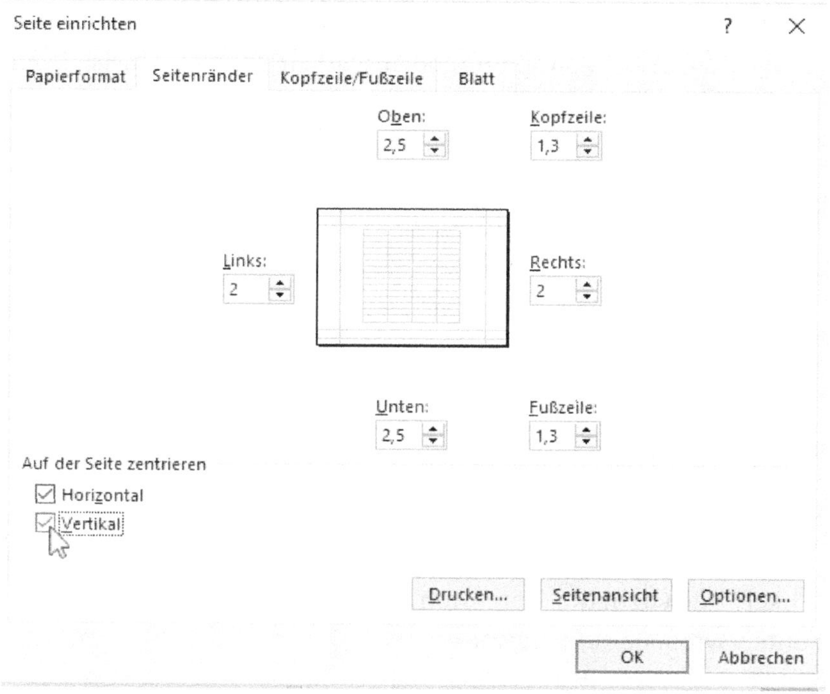

Was jetzt noch fehlt, ist eine passende Selbstauskunft des Ausdrucks, dazu kommen wir im folgenden Kapitel.

7 Kopf- und Fußzeilen

Wo wir schon einmal in der Layoutansicht sind, sollten wir noch einen kurzen Blick auf die Kopf- und Fußzeilen werfen, die man hier sehr bequem einrichten kann. Sie sind immer dreiteilig und normalerweise am jeweiligen Seitenrand ausgerichtet. Grundsätzlich kann aber jeder Bereich jeden der angebotenen Inhalte aufnehmen.

In der Layoutansicht werden Kopf- und Fußzeile durchgehend angeboten, man muss nur hineinklicken und kann losschreiben.

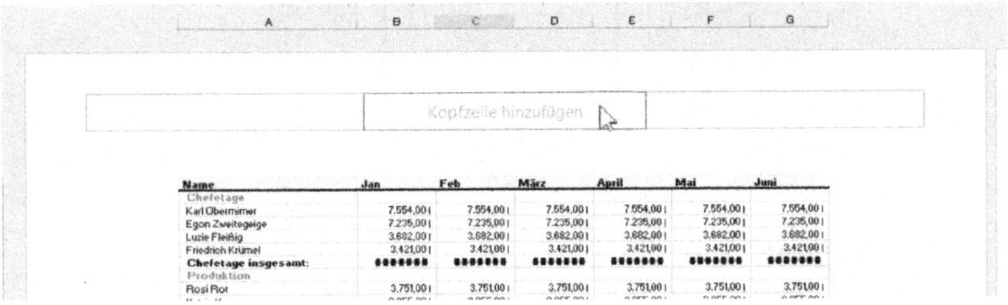

Nicht immer gut zu erkennen ist die hier besonders praktische Möglichkeit, nach dem Markieren von Text die Formatierungen über die Kontextsymbolleiste zuzuweisen.

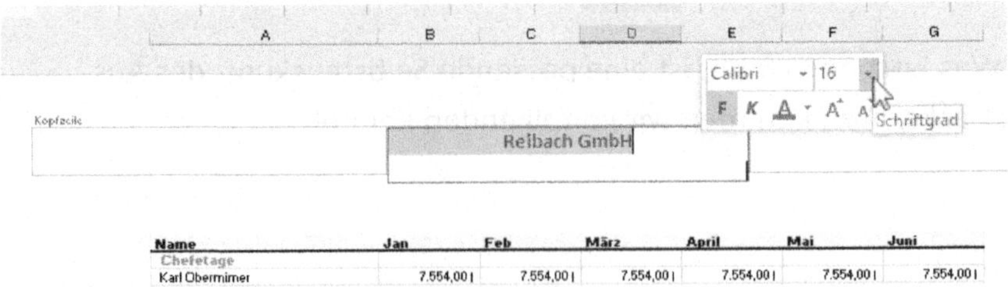

Neben den Freitexteingaben gibt es noch verschiedene Felder, die eingefügt werden können und natürlich auch Grafiken – meist sicher Firmenlogos – die in Kopf- und Fußzeilen untergebracht werden können. Alle befinden sich in der kontextsensitiven Registerkarte **Kopf- und Fußzeilentools**, die immer dann angezeigt wird, wenn in den Kopf- oder Fußzeilenbereich geklickt wurde. Eventuell müssen Sie sie aber erst mit Mausklick nach vorne holen.

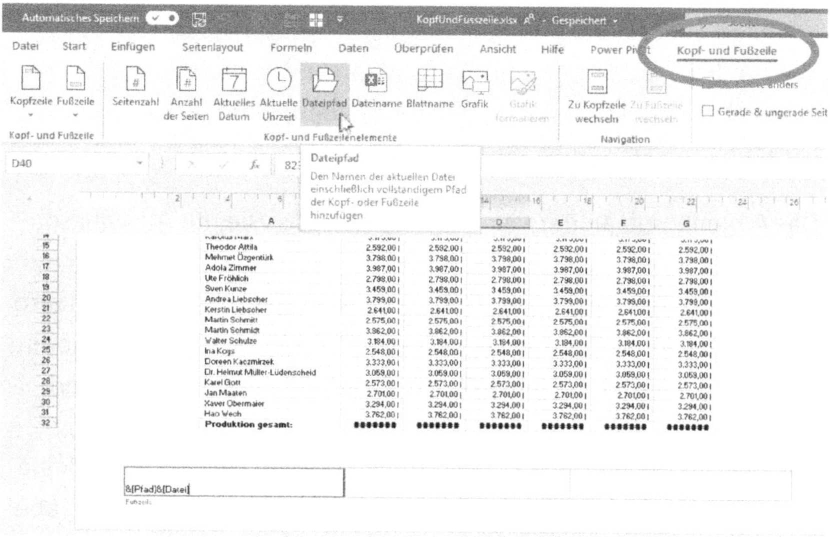

Die Anzeige der Felder erscheint zunächst etwas kryptisch,das ändert sich jedoch, sobald Sie an eine andere Stelle klicken. Sie können die Felder nach Belieben mit Freitexten kombinieren.

8 Pivottabelle

Die Pivottabelle ist ein Werkzeug, das immer stärker nachgefragt wird und dem häufig noch großer Respekt entgegengebracht wird. Die wirklich gängigen Funktionalitäten sind aber leicht zu lernen, wenn man nur selbst weiß, welche Information man von der Tabelle erwartet. Mit dem was wir uns hier ansehen werden, können Sie wahrscheinlich 90-98% aller in der Praxis verwendeten Pivottabellen erstellen oder nachvollziehen. In der Tat werden aber über das Thema dicke Bücher geschrieben. Wenn Sie also nach der Lektüre dieses Kapitels noch weiteren Bedarf haben, werden Sie dort alle verbliebenen Fragen beantwortet finden.

Das Angenehme an der Pivotfunktion ist, dass sie mit Ausgangsdaten arbeitet, die durch sie nicht verändert werden. Sie werden nur anders und hoffentlich aussagekräftiger dargestellt. Man kann also völlig entspannt alles durchprobieren was einem in den Sinn kommt – die Ausgangsdaten bleiben auch dann völlig unbeeindruckt erhalten, wenn das gewünschte Ziel nicht erreicht wird. Wie üblich, haben wir hier eine für die Verhältnisse von Pivottabellen sehr kleine Datei. Aber in der Tat entfaltet Pivot seine Stärken in riesigen Tabellen, die meist aus einer Geschäftsanwendung wie z.B. DATEV geliefert werden. Solche Anwendungen liefern immer ein Format, das die Grundanforderungen für die Pivotierung erfüllt: Eindeutige Bezeichnungen im Tabellenkopf, gleichmäßige Struktur ohne zusammenfügte Zellen und keine komplett leere Zeile. Wenn die Ausgangstabelle diese Anforderungen erfüllt, können Sie einfach irgendwo hineinklicken und aus der Registerkarte **Einfügen** den Button **PivotTable** wählen.

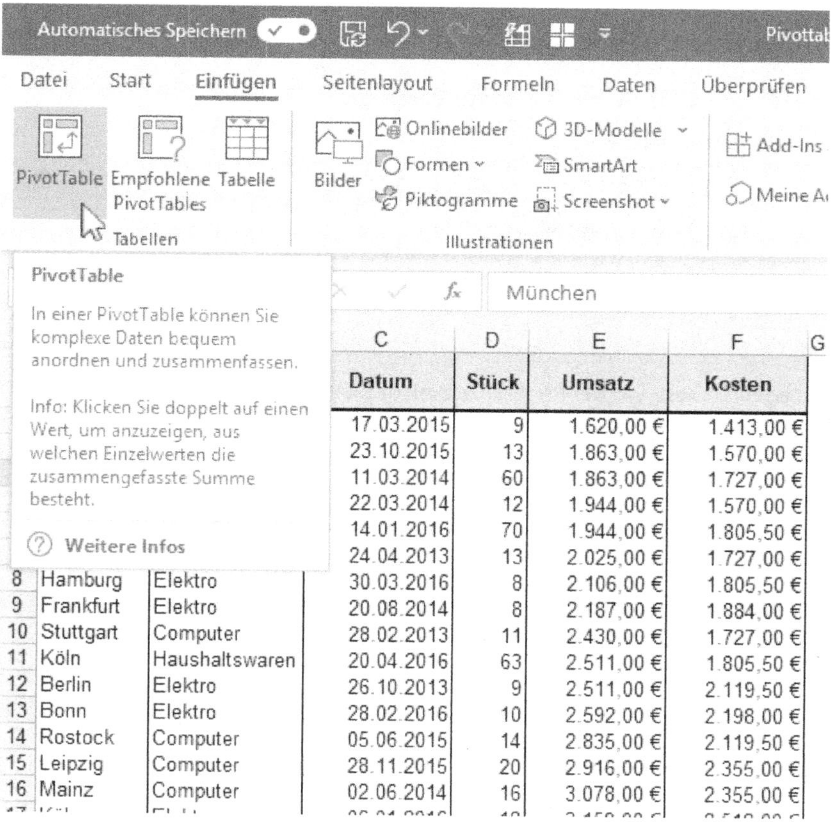

Daraufhin öffnet sich ein Dialogfenster, das Sie in den meisten Fällen nur bestätigen müssen. Der Bezug wird automatisch richtig gefunden. Falls Sie feststellen, dass die Markierung irgendwo in der Mitte endet, kommt danach etwas, das die Pivotfunktion verhindern würde. Sie müssen sich dann zunächst mit der Datenbasis beschäftigen. Sie können übrigens hier wie auch sonst überall mit Namen arbeiten, falls das übersichtlicher sein sollte.

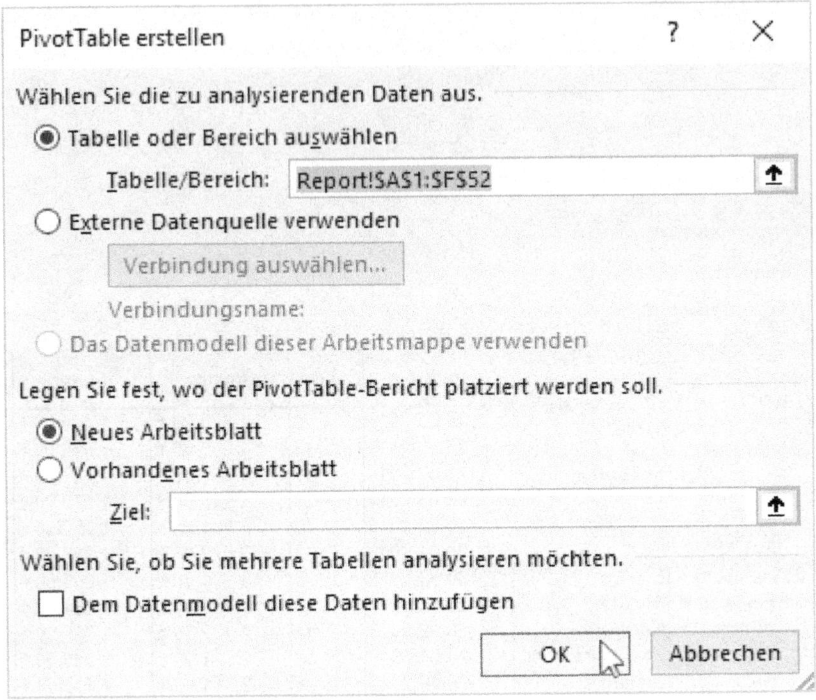

Nach dem Klick auf **OK** bekommen Sie ein neues Tabellenblatt, das etwas merkwürdig aussieht. Zur Übersichtlichkeit habe ich es einmal stark zusammengeschoben, normalerweise würde ich gerade bei Pivottabellen den Bildschirm komplett ausnutzen.

Der seitliche Bereich **PivotTable-Felder** ist wieder kontextsensitiv, d.h. Sie sehen ihn, so lange der Cursor im Bereich des Rohlings der Pivottabelle steht. Dieser Tabellenrohling ist noch leer - Excel kann ja nicht entscheiden, was Ihnen wichtig ist. Ihn mit Daten zu füllen, ist ganz einfach.

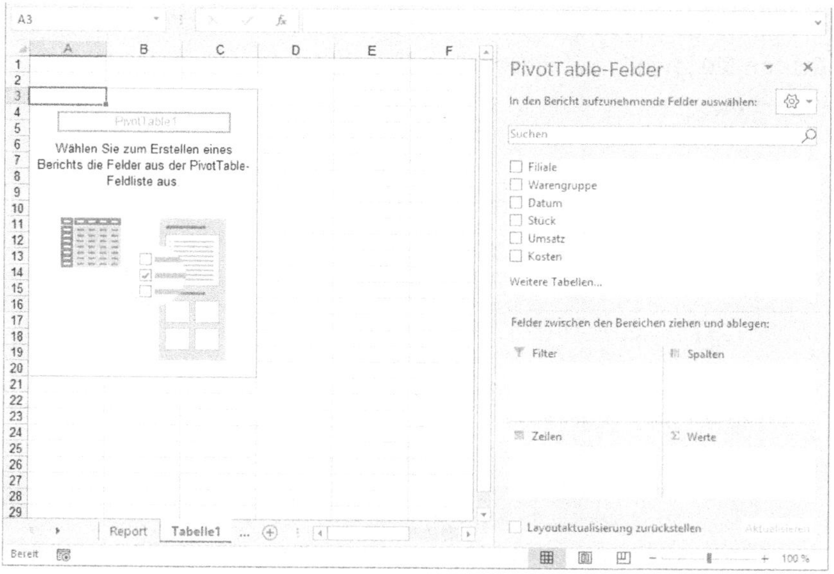

Um bei der Pivottabelle zum gewünschten Ergebnis zu kommen machen Sie sich klar, dass damit einfach nur die Gliederung Ihrer Gedanken visualisiert wird. Wenn Sie also denken „Zuerst möchte ich...“, dann fangen Sie am besten wirklich damit an und machen auch in exakt dieser Reihenfolge weiter.

Wir haben hier also eine Liste von Verkäufen in verschiedenen Niederlassungen einer Handelskette. Deshalb interessiert uns auf jeden Fall zunächst, wo diese Verkäufe getätigt wurden. In der Liste der Pivottabellenfelder finden wir die Kopfdaten der Ausgangstabelle wieder. Darunter haben wir vier Eingabefelder, die wir uns nacheinander ausprobieren werden. Ich klicke jetzt auf das Feld **Filiale** und lasse die linke Maustaste gedrückt. Mit der gedrückten Maustaste ziehe ich das Feld nach unten zu **Zeilen**. Wenn ich in diesem Bereich angekommen bin, ändert sich die Darstellung des Mauszeigers und in dem Eingabefeld ist ein etwas geisterhafter Cursor zu erkennen. Achten Sie jeweils auf diesen Cursor, wir werden ihn nachher noch brauchen.

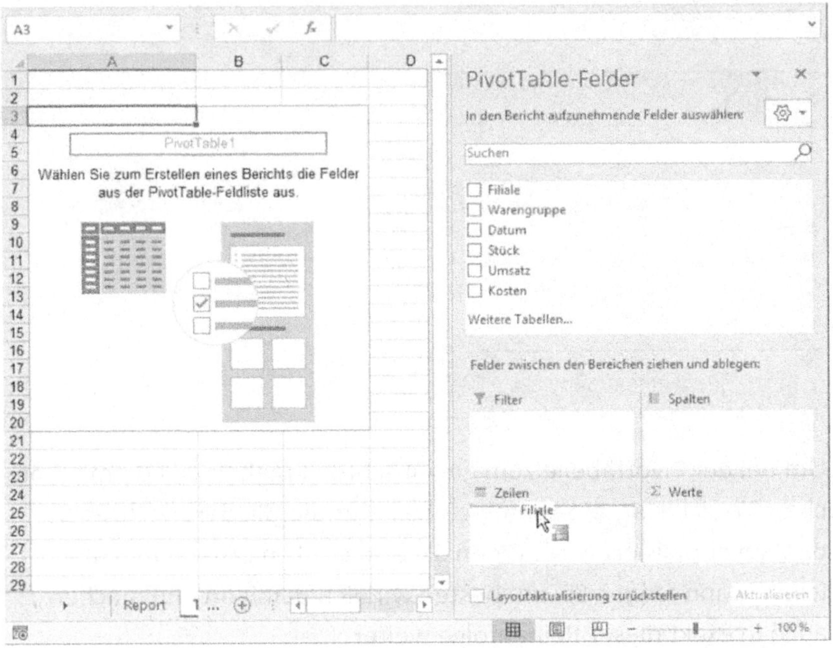

Nach dem Loslassen der Maustaste sieht die Pivottabelle links schon etwas klarer aus. Alle Filialen, die in der Ausgangstabelle teils mehrfach enthalten waren, sind jetzt kompakt in der Spalte A aufgelistet. Falls Sie versehentlich die Maustaste losgelassen haben sollten und Ihre Filialen plötzlich an der falschen Stelle stehen sollten, kein Problem. Schieben Sie sie einfach mit der Maus an die Stelle, an der Sie sie haben wollen. Oder nehmen Sie aus der Liste oben das Häkchen und schieben Sie noch einmal neu.

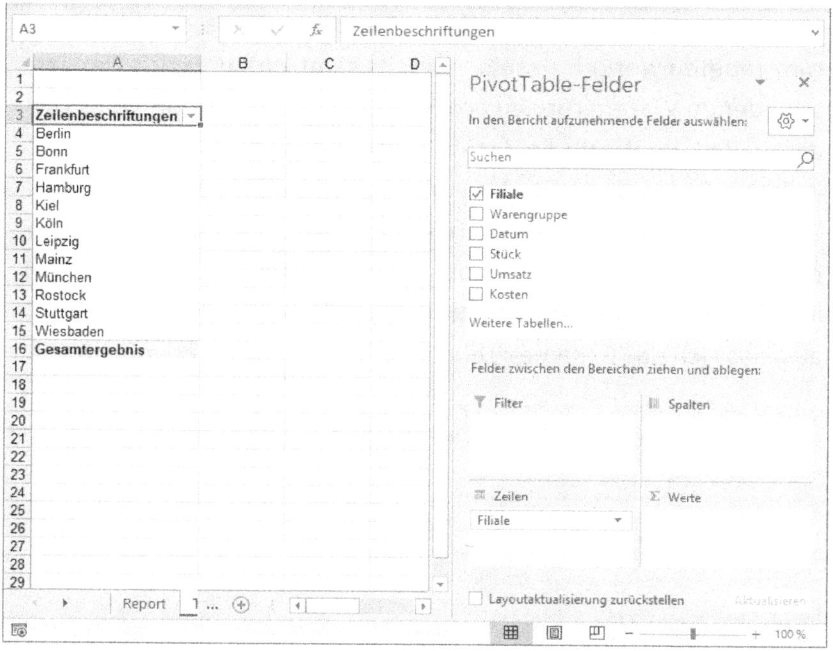

Ziehen Sie jetzt ebenso die **Warengruppe** in **Spalten**. Damit haben wir die möglichen Bezeichnungen verteilt und können nach Bedarf Zahlenfelder in den Wertebereich rechts unten ziehen. Ich beginne mit **Stück**.

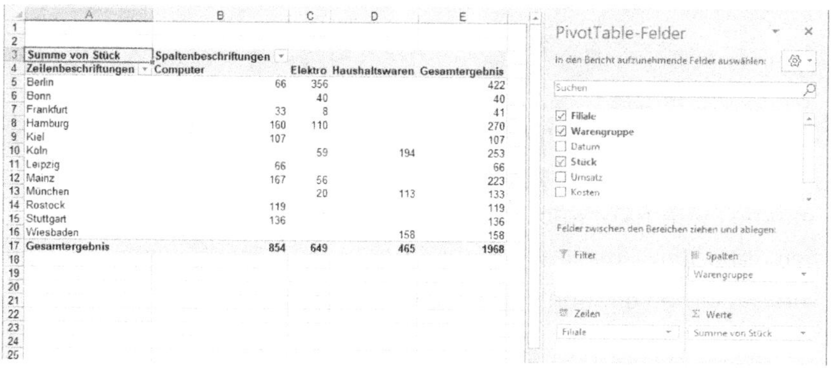

Summe von Stück	Spaltenbeschriftungen			
Zeilenbeschriftungen	Computer	Elektro	Haushaltswaren	Gesamtergebnis
Berlin	66	356		422
Bonn		40		40
Frankfurt	33	8		41
Hamburg	160	110		270
Kiel	107			107
Koln		59	194	253
Leipzig	66			66
Mainz	167	56		223
München		20	113	133
Rostock	119			119
Stuttgart	136			136
Wiesbaden			158	158
Gesamtergebnis	**854**	**649**	**465**	**1968**

Jetzt haben wir schon eine richtige Pivottabelle, die – ohne extra darum gebeten worden zu sein – bereits sämtliche Verkäufe der verschiedenen Warengruppen pro Filiale addiert. Zu erkennen ist das daran, dass im **Werte**-Feld steht **Summe von Stück**, ebenso in der Zelle A3. Das lässt sich ändern und das werden wir auch gleich tun. Zur Verbesserung der Übersicht hier im Druck möchte ich aber vorher die Gesamtergebnisse in der Spalte E loswerden. Dazu gehe ich in die andere Registerkarte **Entwurf** der Pivotwerkzeuge und wähle aus, dass ich das Gesamtergebnis nur über die Spalten möchte.

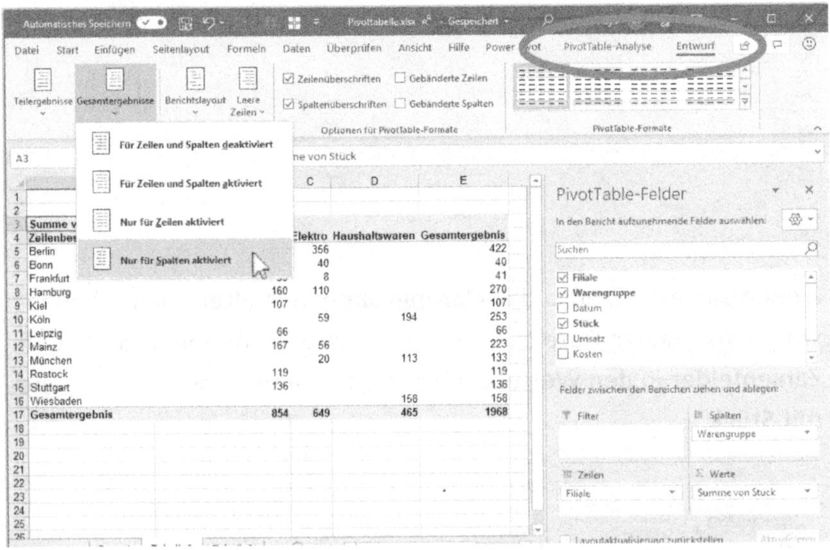

Damit haben wir jetzt mehr Platz auf dem Blatt und können uns etwas übersichtlicher ansehen, wie wir die Zusammenfassung als Summe ändern können. Dazu klappen wir das Feld auf und klicken den untersten Eintrag **Wertfeldeinstellungen**. Wir bekommen dann verschiedene Funktionen zur Auswahl, von denen ich jetzt **Anzahl** wähle.

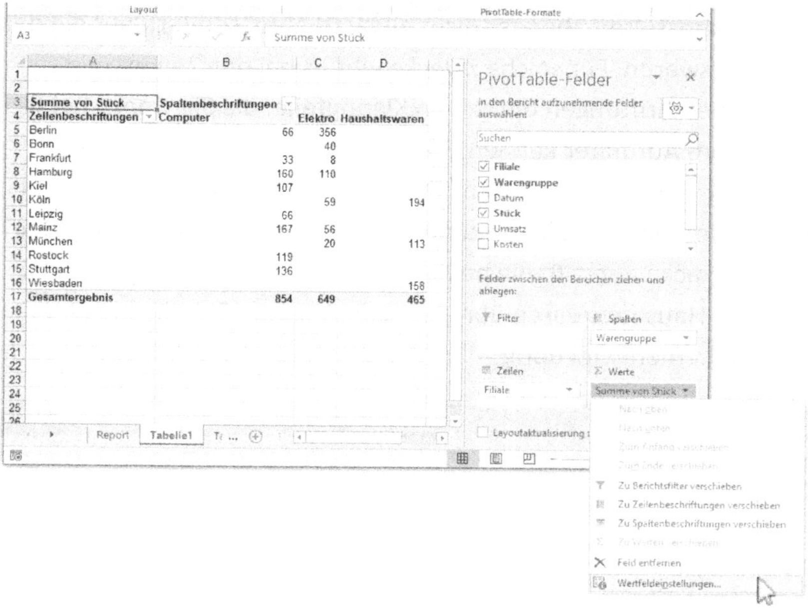

Daraufhin wird mir die Anzahl der jeweiligen Verkaufsvorgänge angezeigt und summiert.

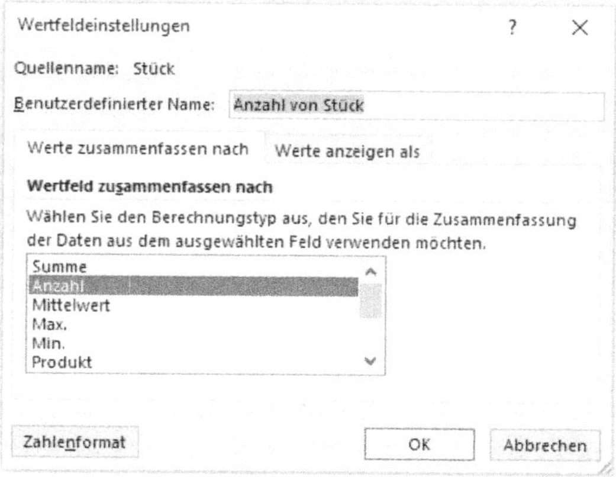

Mich interessieren aber gar nicht alle Verkäufe, sondern nur die der Haushaltswaren. Für solche Zwecke gibt es bei den Zeilen- und Spaltenbeschriftungen die selben Klapppfeile, die Sie wahrscheinlich schon vom Autofilter kennen. Falls Sie über den noch etwas lesen möchten, empfehle ich Ihnen „Die Nadel im Heuhaufen“ – hier setzen wir voraus, dass Sie ihn zumindest im Großen und Ganzen kennen. Ich klicke also z.B. die beiden anderen Häkchen weg, dass nur noch die Haushaltswaren übrig bleiben. Von der Tabelle bleibt danach nicht mehr viel übrig.

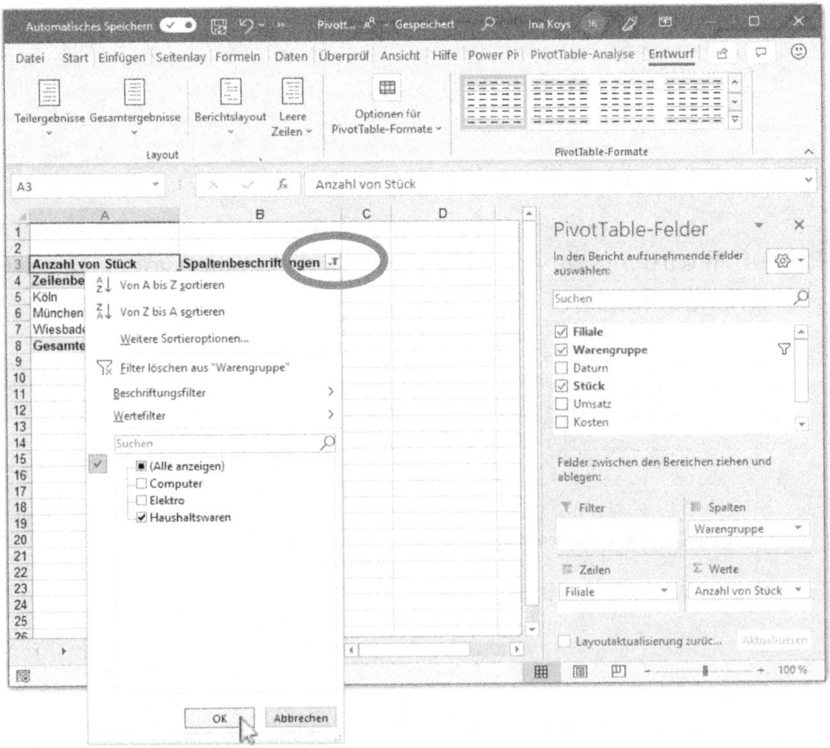

2		
3	**Anzahl von Stück**	**Spaltenbeschriftungen**
4	**Zeilenbeschriftungen**	**Haushaltswaren**
5	Köln	4
6	München	2
7	Wiesbaden	3
8	**Gesamtergebnis**	**9**
9		

In der Tat werden jetzt nur noch diejenigen Filialen angezeigt, die mit Haushaltswaren gehandelt haben, trotzdem in der Filialenspalte noch nicht gefiltert wurde. Wenn ich aber dort z.B. den Haken vor Wiesbaden entferne, entschwindet die Zeile und ist auch nicht durch Aktivieren der anderen Warengruppen wieder auf den Bildschirm zu zaubern. Wiesbaden handelt nämlich ausschließlich mit Haushaltswaren.

	A	B	C
1			
2			
3	**Anzahl von Stück**	**Spaltenbeschriftungen**	
4	**Zeilenbeschriftungen**	**Haushaltswaren**	
5	Köln	4	
6	München	2	
7	**Gesamtergebnis**	**6**	
8			

Alle Ihnen vom Autofilter vielleicht schon bekannten Möglichkeiten funktionieren hier ebenso – wir werden hier aber nicht weiter in die Tiefe gehen. Auf jeden Fall entferne ich beide Filter jetzt wieder, damit wir uns weitere Möglichkeiten ansehen können.

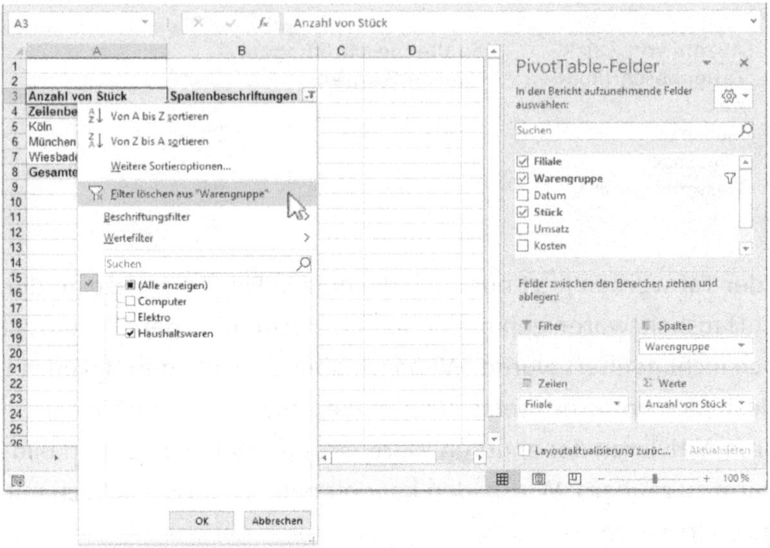

Wir haben nämlich noch die Möglichkeit, weitere Daten in die Felder im unteren Bereich zu ziehen. Am häufigsten wird das sicher im Zeilenfeld nützen – grundsätzlich möglich ist es aber überall. Ich könnte also testweise die Warengruppe von den Spalten in die Zeilen ziehen. Achten Sie genau darauf, wo der Quercursor angezeigt wird. Genau dort wird die Gliederungsebene eingefügt. Zunächst lasse ich also das Warengruppenfeld nach der Filiale anzeigen.

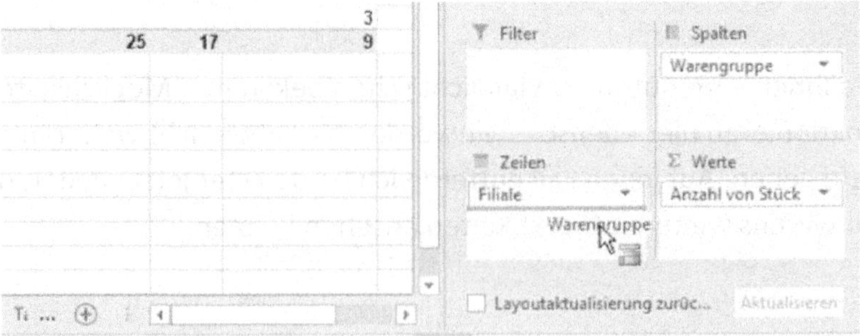

Nach Loslassen der Maustaste wird also erst nach Filiale, dann nach Warengruppe gegliedert.

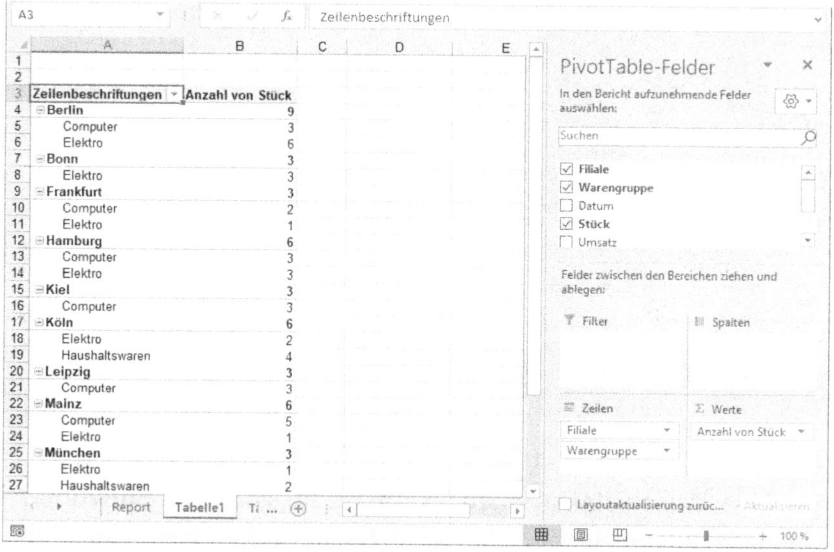

Gefällt mir das so nicht, kann ich die Reihenfolge jederzeit ändern.

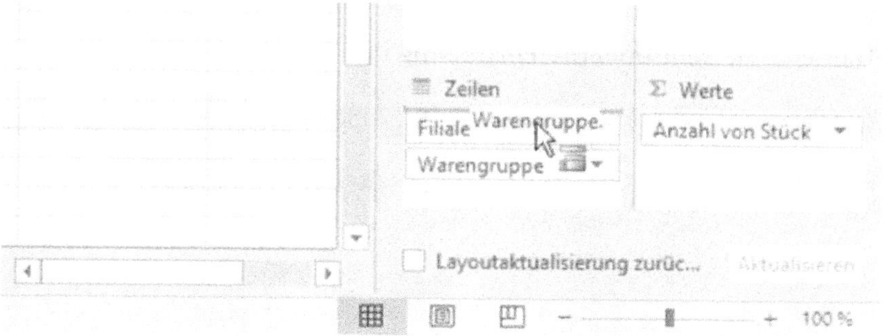

Daraufhin wird meine Tabelle erst nach der Warengruppe, dann nach Filiale gegliedert. Was hier passender ist, wird sich je nach Kontext unterscheiden.

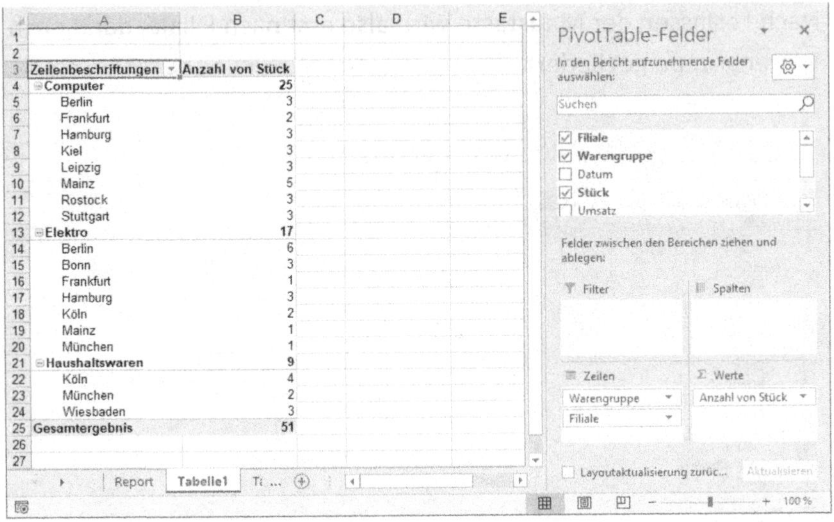

Betrachten wir die Pivottabelle vorerst als inhaltlich perfekt und werfen wir noch einmal einen Blick in die Registerkarte **Entwurf**. Denn dort finden wir Einstellungen, die sich auf die Optik und damit auf die Übersichtlichkeit beziehen. Dort waren wir schon, als wir die Zeilensumme deaktiviert haben.

Hier ist eine sehr beliebte Einstellung das Tabellenformat.

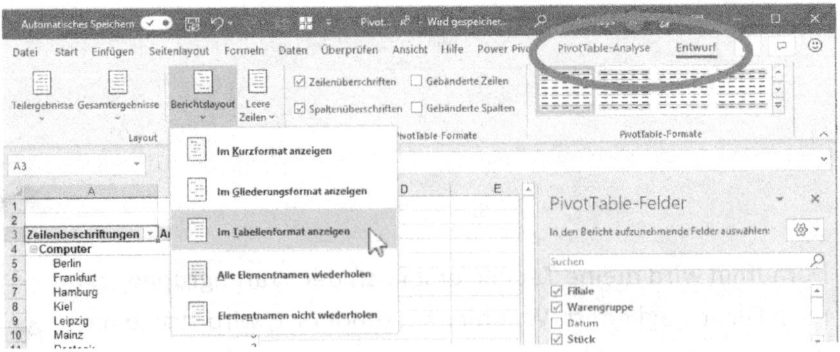

Andere Geschmackssachen kann man einfach ausprobieren. Manche Nutzer müssen sehr oft immer wieder die selben Pivottabellen neu erstellen. Diese Anwender mussten sich lange darüber ärgern, dass sie dann auch immer wieder die selben Einstellungen vornehmen mussten. Mit den hier besprochenen neuen Versionen hat das ein Ende. In den **Excel-Optionen** gibt es jetzt einen neuen Bereich **Daten**, in dem man alle inhaltlichen Standardvorgaben festlegen kann.

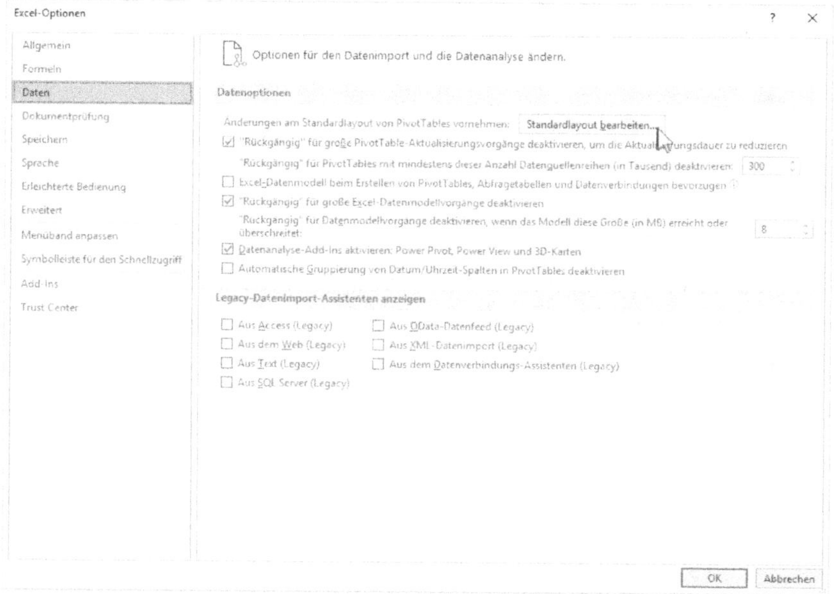

Wir haben jetzt also eine Pivottabelle im Tabellenformat. Der wollen wir jetzt noch ein weiteres Feld hinzufügen, nämlich das Datum. Standardmäßig tritt hierbei in Phänomen auf, an dem sich die Geister scheiden. Vielleicht ist es großartig für Ihre Zwecke – falls nicht, können Sie es auch abschalten. Ich ziehe also das Datumsfeld zuunterst in das Zeilenfeld.

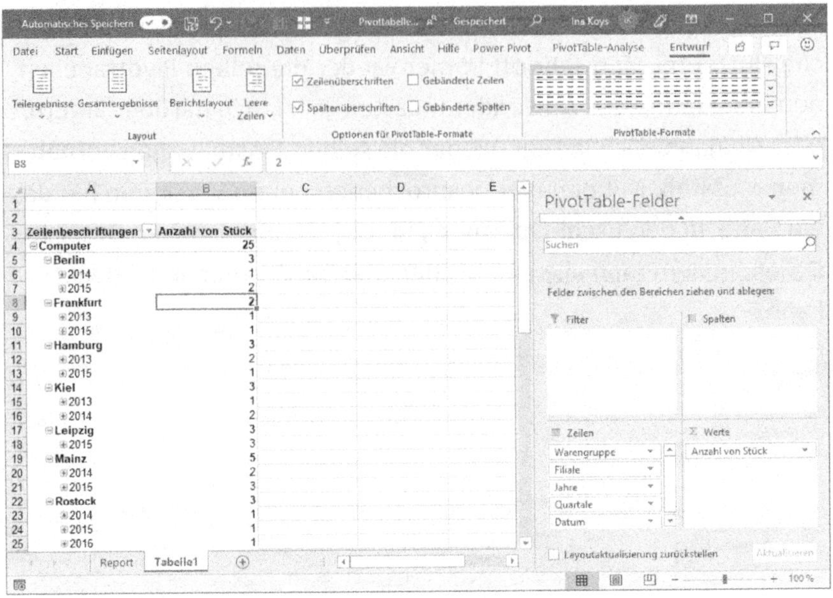

Allein durch dieses einfache Ziehen wurden die Datumsangaben aufgesplittet und ihre Bestandteile: Jahre, Quartale und Monate. Mit Klick auf das Pluszeichen kann ich mir die Werte ansehen.

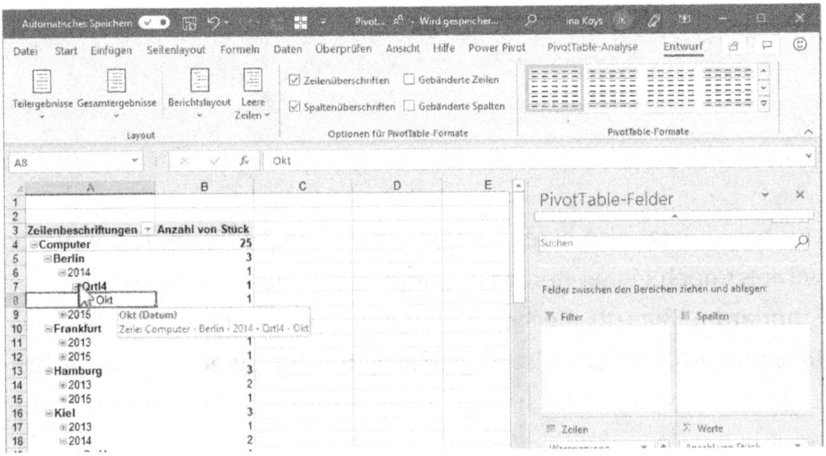

Wenn Ihnen dieser Effekt gefällt, aber Sie ihn gern anpassen würden, klicken Sie auf eine der Datumsangaben und dann auf Feld gruppieren.

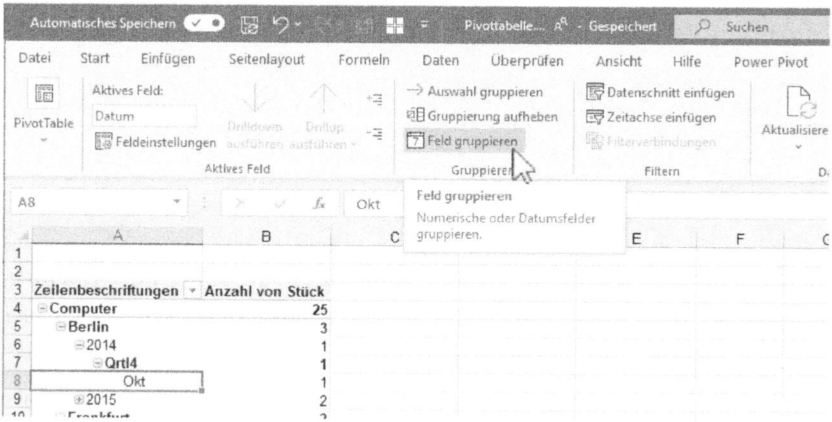

In dem sich öffnenden Dialogfenster können Sie nicht nur die anzuzeigenden Werte eingrenzen, Sie können auch die Gliederungsebenen bestimmen – exotische inbegriffen.

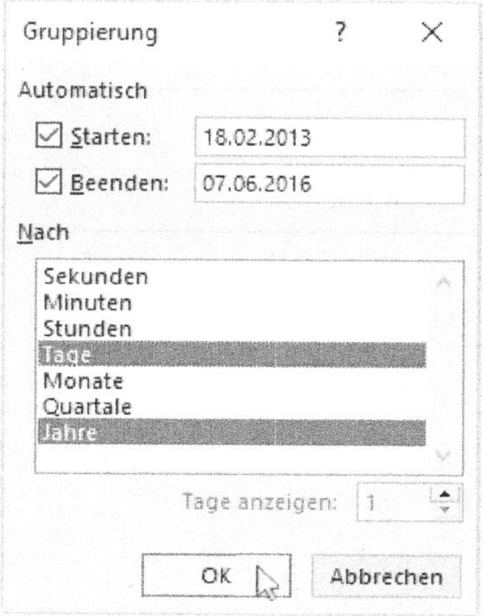

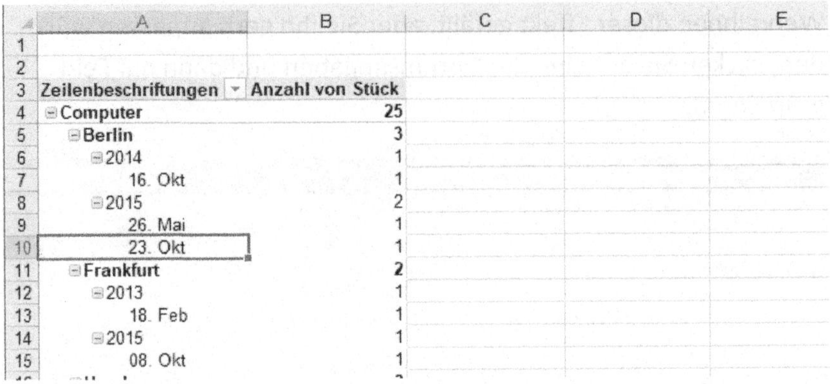

	A	B	C	D	E
1					
2					
3	**Zeilenbeschriftungen**	**Anzahl von Stück**			
4	**⊟Computer**	**25**			
5	**⊟Berlin**	**3**			
6	⊟2014	1			
7	16. Okt	1			
8	⊟2015	2			
9	26. Mai	1			
10	23. Okt	1			
11	**⊟Frankfurt**	**2**			
12	⊟2013	1			
13	18. Feb	1			
14	⊟2015	1			
15	08. Okt	1			

Und da wir nun schon ein getrenntes Feld für die Jahre haben, wäre es ja vielleicht interessant, die Darstellung auch noch in einer weiteren Dimension aufzuteilen. Zum Beispiel, indem wir immer nur die Daten eines bestimmten Jahres anzeigen lassen. Ziehen wir dazu die Jahre aus dem Zeilenfeld in den Filter.

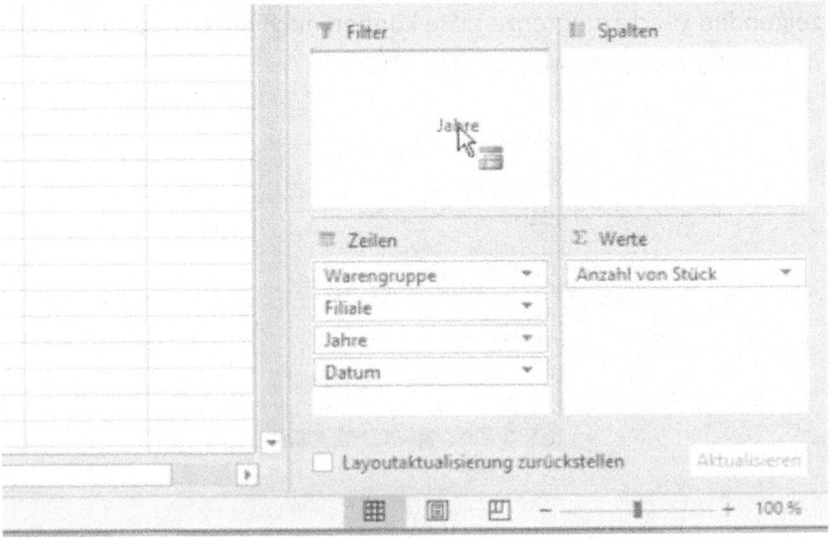

Jetzt gibt es in der Zelle B1 die Möglichkeit, nach Jahren zu filtern.

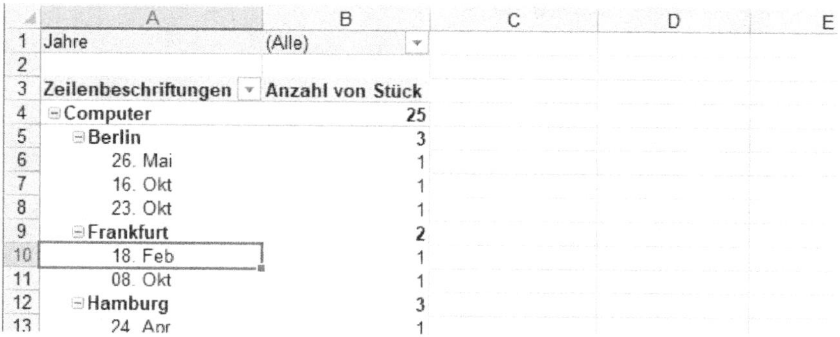

Einzelne Jahre können einfach so ausgewählt werden, will man mehrere sehen, funktioniert die Sache zwar, ist aber unübersichtlich. Nach Klicke auf **OK** wird man nicht mehr gut erkennen können, welche Jahre nun eigentlich angezeigt werden.

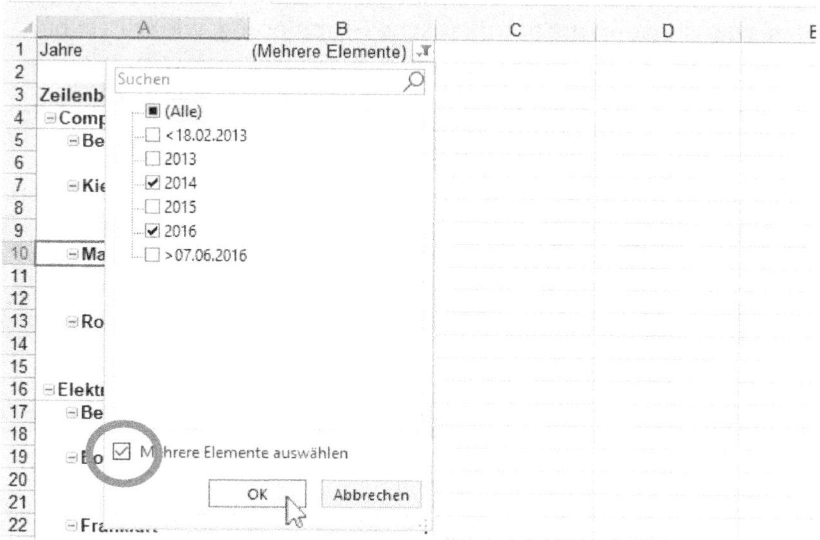

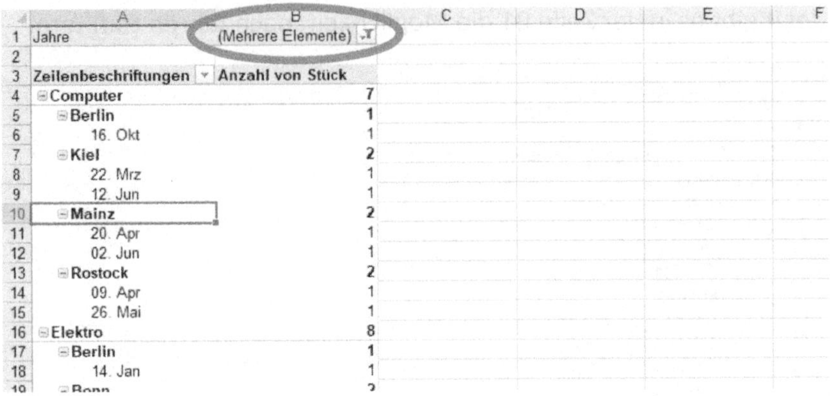

Das lässt sich hier nicht verschönern, das geht mit dem Werkzeug im nächsten Kapitel besser. Bleiben wir aber noch einen Moment bei der Pivottabelle. Wir haben hier das gruppierte Feld „Jahre" in den Filter gezogen, es hätte aber gern auch eins der anderen sein können, auch mehrere können in den Seitenfilter gezogen werden. Aber was ist, wenn die automatische Gruppierung, wie wir sie bei Datumsangaben und Zahlen angeboten bekommen, nicht gefällt? Da gibt es zwei Möglichkeiten. Für den Moment kann die Gruppierung aufgehoben werden, indem man in einen der gruppierten Werte klickt und aus dem Menüband wählt **Gruppierung aufheben**.

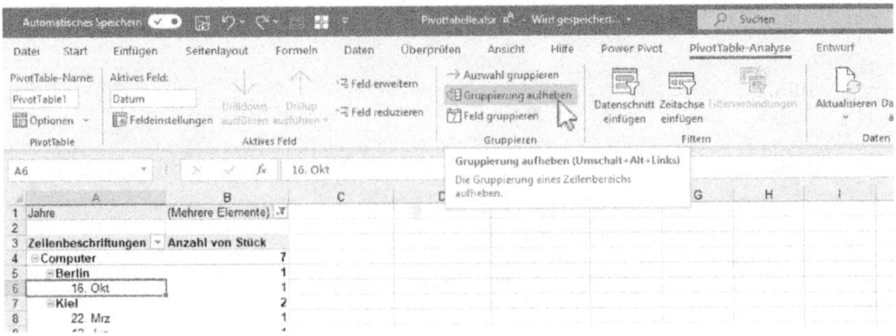

Stört es grundsätzlich und möchte man die Gruppierung gar nicht mehr haben, kann das im oben schon erwähnten Bereich **Daten** in den **Excel-Optionen** ausgeschaltet werden.

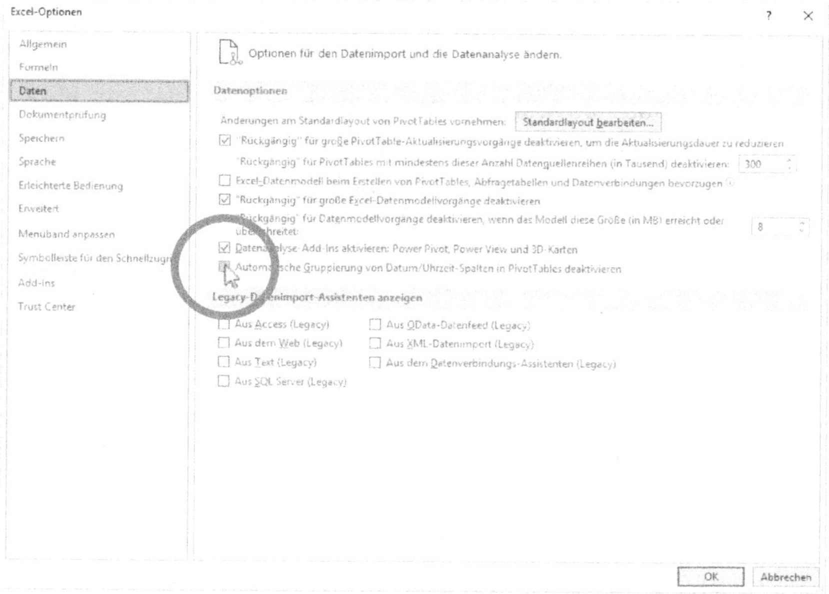

9 Datenschnitt und Zeitachse

Eben hatten wir uns ja schon angesehen, dass man mit dem Filter noch weitere Datenebenen herausschneiden kann, die Sache aber weder besonders übersichtlich noch flexibel ist. Und will man sein Ergebnis auch ausdrucken, müsste man per Hand in das Blatt schreiben, welche Datenauswahl getroffen worden ist. Da hilft uns der Datenschnitt deutlich besser weiter. Wir finden ihn nach Klick in die Pivot-Tabelle in der Registerkarte **PivotTable-Analyse.**

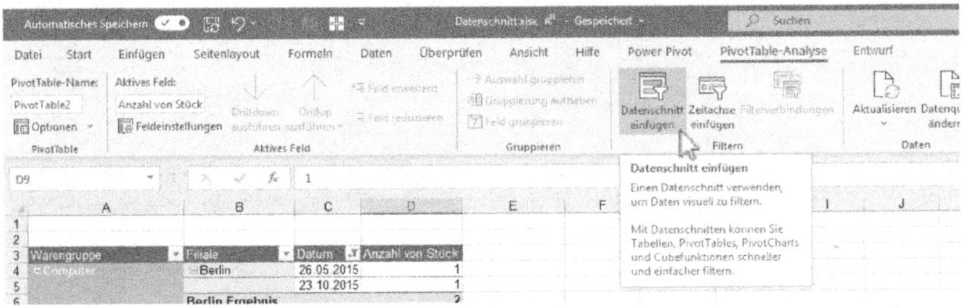

Daraufhin werden mir die verfügbaren Felder zur Auswahl angeboten. Da ich jetzt nach der Höhe der Umsätze differenzieren möchte, wähle ich dieses Feld.

Ich bekomme jetzt alle Umsatzzahlen zur Auswahl. Einige davon sind ausgegraut, da ich noch einen Datumsfilter gesetzt habe. Die ausgegrauten Umsatzwerte liegen außerhalb des Zeitfensters.

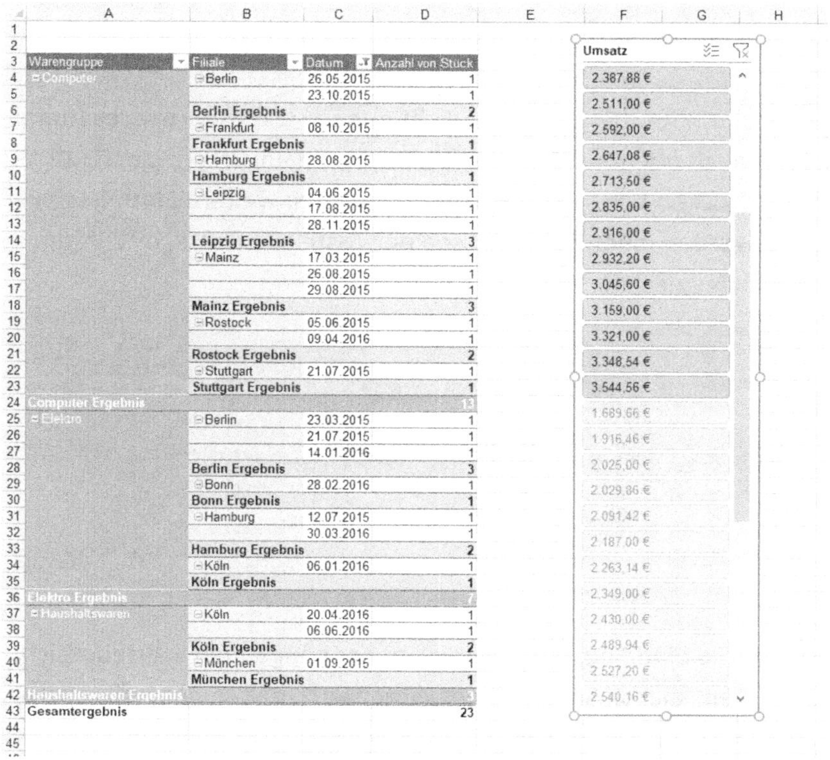

Das Datenschnitt-Element kann mit der Maus und über seine Registerkarte in Größe und Farbe verändert werden, hier sollen uns aber in erster Linie inhaltliche Fragen interessieren.

Will ich wissen, wo und wann ein bestimmter Umsatz getätigt wurde, genügt ein Klick auf den entsprechenden Wert.

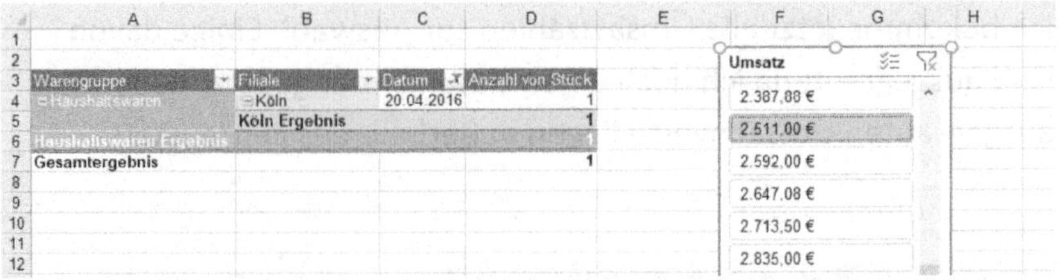

Das Datenschnittfenster sieht nicht nur aus wie eine Liste, es funktioniert auch ebenso. Wenn Sie einen Eintrag anklicken, die **STRG**-Taste drücken und gedrückt halten und noch weitere Einträge anklicken, werden Ihnen bei Loslassen der Taste alle Einträge zu Ihren Werten angezeigt.

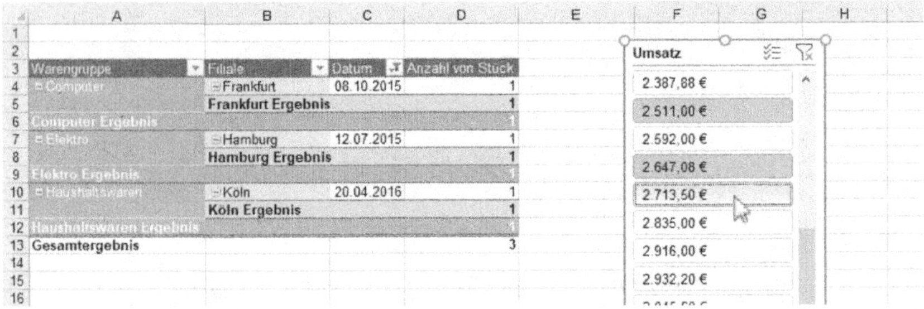

Wollen Sie einen bestimmten zusammenhängenden Wertebereich darstellen, klicken Sie erst einen Grenzwert, halten dann die Hochstelltaste gedrückt und klicken den anderen Grenzwert an.

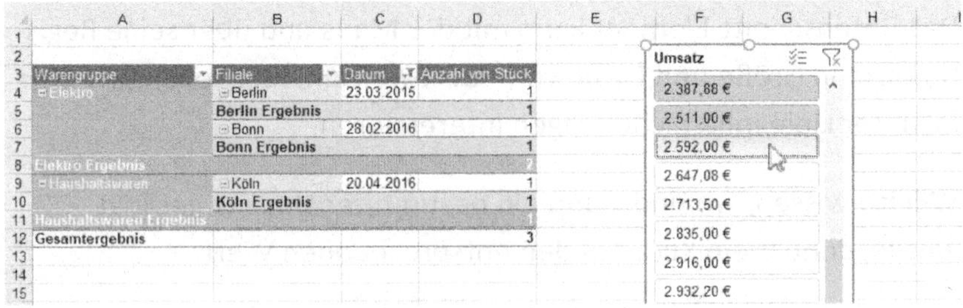

Sie können für eine Pivottabelle beliebig viele Datenschnitte verwenden. Sie werden dann wie der Autofilter jeweils Schnittmengen bilden und Ihnen ermöglichen, Ihren Datenbestand in beliebig differenzierte Scheiben zu schneiden. Die Datenschnitte lassen sich sowohl am Bildschirm verwenden als auch mit ihren Ergebnissen zusammen ausdrucken.

Mit Klick auf das kleine Filtersymbol im Datenschnitt schaltet man den Filter wieder aus. Man kann auch den Datenschnitt selbst anklicken und die **ENTF**-Taste drücken um ihn ganz wieder loszuwerden.

Der Datenschnitt hat aber noch eine Verwandte, die Zeitachse – allerdings nur, wenn Datums- oder Zeitwerte in den Feldern der Ausgangsdaten der Pivottabelle zu finden sind. Wir finden sie nach Klick in die Pivottabelle in der Registerkarte **PivotTable-Analyse**.

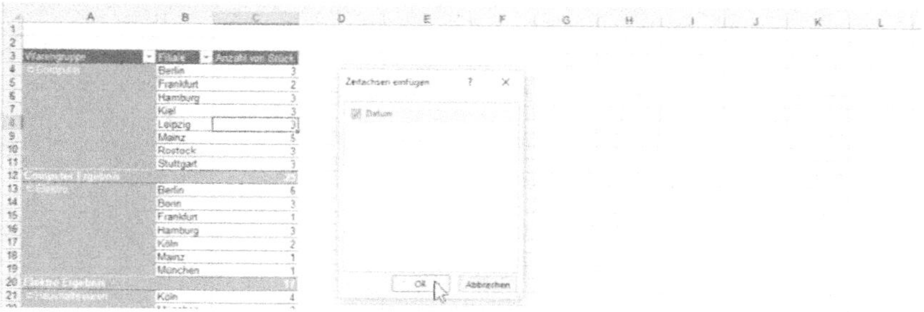

Für dieses Beispiel habe ich zur besseren Übersicht das Feld **Datum** aus der Pivottabelle entfernt. Notwendig ist das aber nicht. Aktuell ist noch der Filter aktiv, den ich vorher im Datumsfeld gesetzt hatte. Ich kann ihn löschen.

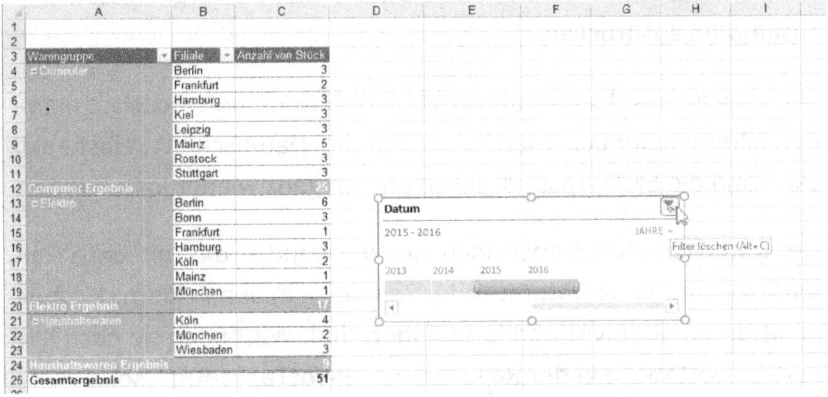

Ebenso kann ich das Zeitintervall mit der Maus anpassen oder aber eine andere Gliederung wählen.

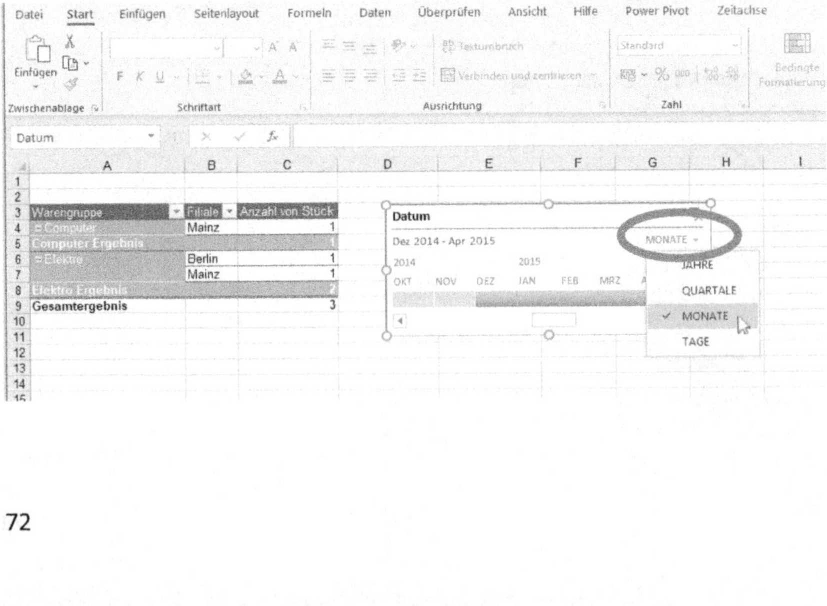

10 Pivotdiagramm

Sehen wir uns zum Abschluss noch das Pivotdiagramm an. Dieses hat im Gegensatz zum normalen Diagramm einen ganz entscheidenden Vorteil: es ist beweglich und kann auf Zuruf andere Daten auswerten – ganz wie die Pivottabelle.

Ich habe mir wieder eine einfache Pivottabelle zusammengestellt und möchte daraus jetzt ein Diagramm machen, das Microsoft als PivotChart bezeichnet. Das geht über ***PivotTable-Analyse / Tools***.

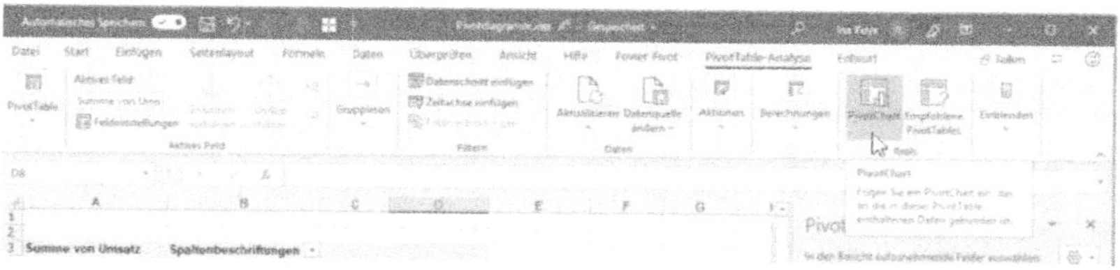

Ich wähle im Abfragefenster die gruppierten Säulen und bekomme daraufhin das neue Diagramm als Objekt in das Arbeitsblatt gesetzt.

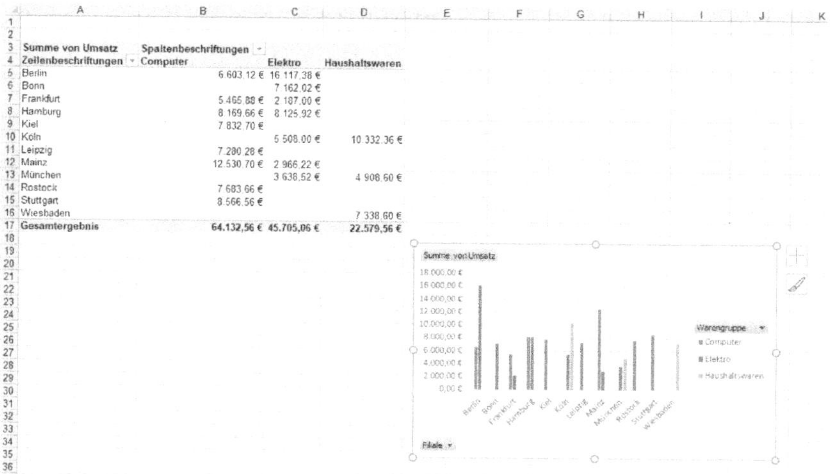

Summe von Umsatz	Spaltenbeschriftungen		
Zeilenbeschriftungen	Computer	Elektro	Haushaltswaren
Berlin	6.603,12 €	16.117,38 €	
Bonn		7.162,02 €	
Frankfurt	5.465,88 €	2.187,00 €	
Hamburg	8.169,66 €	8.125,92 €	
Kiel	7.832,70 €		
Köln		5.508,00 €	10.332,36 €
Leipzig	7.280,28 €		
Mainz	12.530,70 €	2.966,22 €	
München		3.638,52 €	4.908,60 €
Rostock	7.683,66 €		
Stuttgart	8.566,56 €		
Wiesbaden			7.338,60 €
Gesamtergebnis	**64.132,56 €**	**45.705,06 €**	**22.579,56 €**

Das könnte im Prinzip so bleiben, meist werden Sie aber so viele Daten darstellen wollen, dass Sie die maximale Fläche brauchen. Deshalb verschiebe ich das Diagramm auch gleich auf ein neues Diagrammblatt. Da das Diagramm noch aktiv geklickt ist, kann ich gleich die Schaltfläche **Diagramm verschieben** in der Registerkarte **Entwurf** wählen.

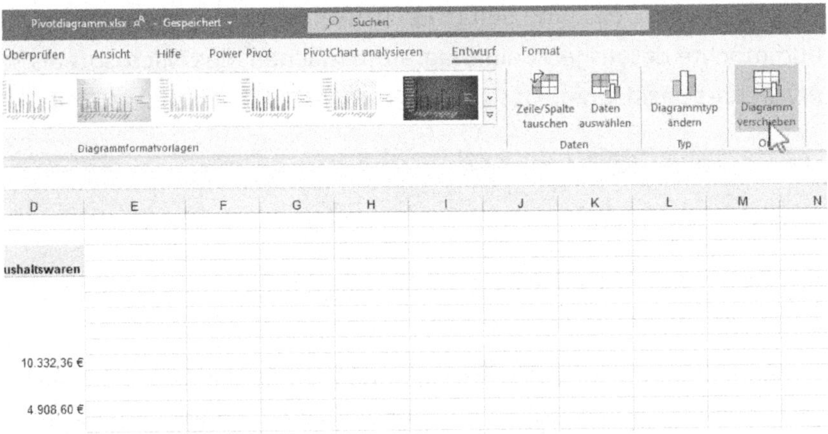

Das Diagramm soll sein eigenes Blatt bekommen, wo ihm maximal Raum gegeben wird.

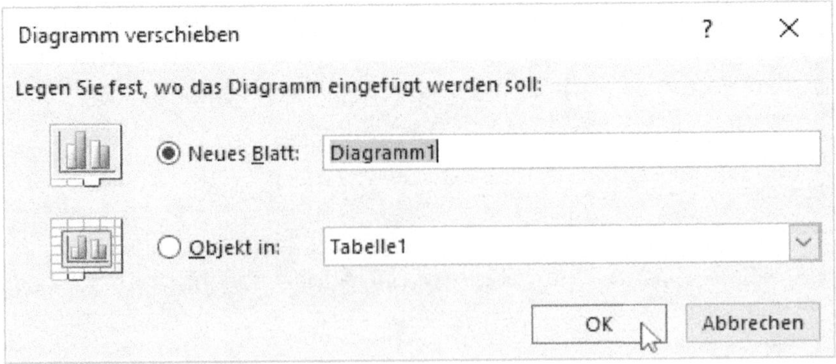

Jetzt habe ich den ganzen Bildschirm zur Verfügung und deutlich bessere Chancen auch alles lesbar darzustellen, was ich auf dem Blatt brauche.

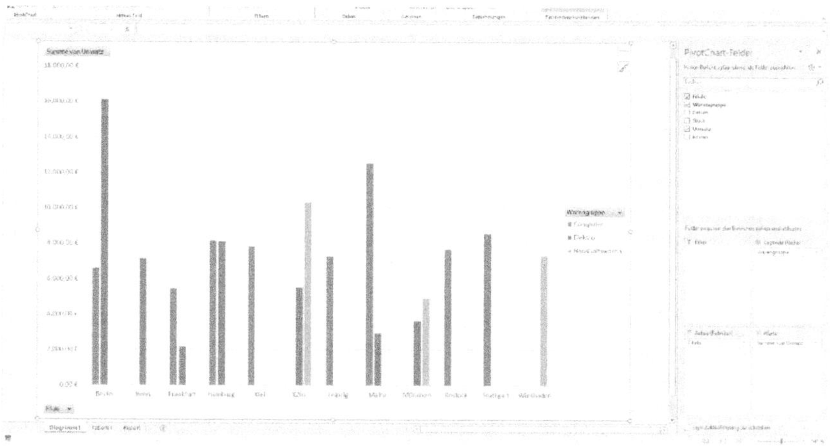

Ich sehe jetzt die von der Pivottabelle vertrauten Bedienelemente. Ich kann sie auch ebenso bedienen und jederzeit unterschiedliche Auswertungen darstellen.

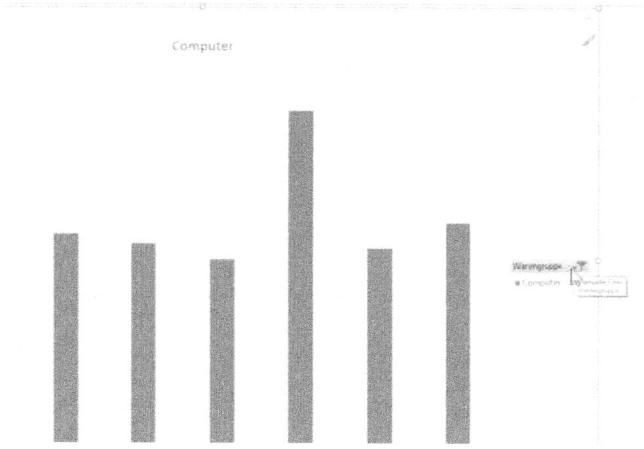

Durch Ziehen weiterer Zahlenfelder in den Wertebereich kann ich diese auch nebeneinander darstellen und ggf. mit unterschiedlichen Funktionen auswerten.

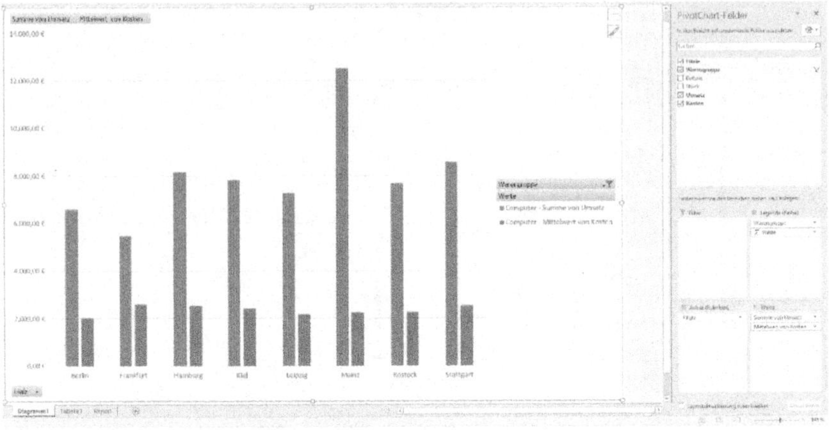

Zur Anpassung der Auswertungsfunktionen verwende ich wieder die Wertfeldeinstellungen.

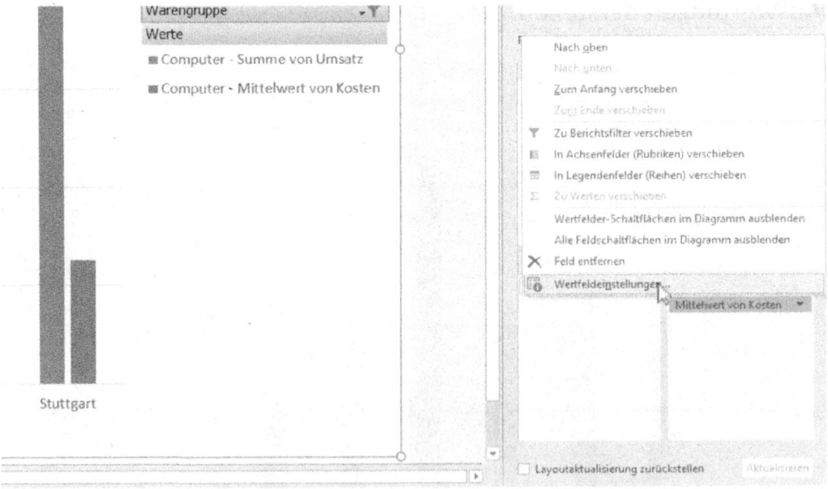

Pivot-Diagramme bieten damit eine sehr flexible Möglichkeit zur Visualisierung von Daten. Sofern man die erforderliche Datenbasis verfügbar hat, lassen sich damit auch unvorbereitete Fragen schnell und professionell beantworten. Alle aus den einfachen Diagrammen bekannten Möglichkeiten werden dabei unterstützt – wobei es aber sein kann, dass diese schon bei der nächsten Änderung der Daten wieder gegenstandslos werden. Die liebevolle Formatierung ist hier deshalb oft vergebene Liebesmüh. Geht es aber um die schnelle Visualisierung von Zahlen, wird sich ein besseres Werkzeug kaum finden lassen.

11 Weiterführendes

In der Reihe „kurz & knackig“ sind bisher erschienen:

Bd. 1: Eingaben steuern und nachverfolgen
Bd. 2: Arbeit für Doofe sparen (Excel 2010 – 2016)
Bd. 3: Sofortiger Überblick
Bd. 4: Outlook als persönliche Assistentin (Outlook 2010 - 2016)
Bd. 5: Bewegung!
Bd. 6: Die Nadel im Heuhaufen
Bd. 7: Datenmassen bändigen (Excel 2010 – 2016)
Bd. 8: Mailings erstellen und selbst frankieren
Bd. 9: Das digitale Notizbuch
Bd. 10: Teamarbeit
Bd. 11: Office 365 – Was gibt's Neues?
Bd. 12: Office 2019 – Was gibt's Neues?
Bd. 13: Outlook 2019 als persönliche Assistentin
Bd. 14: Arbeit für Doofe sparen
Bd. 15: Datenmassen bändigen

… diese und alle neuen jeweils unter

www.kurzundknackig.online und KurzUndKnackig

Made in the USA
Monee, IL
04 November 2026

67384256R00046